# ドイツ人が教えてくれたストレスを溜めない生き方

久保田由希
Yuki KUBOTA

産業編集センター

# はじめに

## どこにいても、心穏やかに自分の人生を生きていけるように

朝の新宿駅。私は当時勤めていた出版社に出社するところでした。ラッシュアワーのピークは過ぎていましたが、それでもターミナル駅の通路は右へ左へ歩く人々でごった返しています。いつもどおりの、朝の光景です。

でもこの日、私はすれ違いざまに人とぶつかってしまいました。そのときに咄嗟に取った行動は「すみません」と謝ることではなく、相手を睨んでしまうことだったのです。わざとぶつかったわけでもない、その女性を。

そんな自分にハッとしました。「このまま日本で働いていてはいけない。自分がダメになる」と直後に思いました。

そして私はその後ベルリンに飛び、いまもベルリンに住んでいます。

私は以前、いくつかの出版社で編集の仕事をしていました。取材をしたり、1冊の本を作り上げる作業は、とても刺激的で楽しいことでした。好きなことを仕事に

できてラッキーだとも思っていました。

でも……常に成果を求められ、仕事が終わらず残業が続き、いつしかストレスが澱のように溜まっていたのです。毎日イライラしてばかり。何かを楽しいと感じることができなくなるほど、心が乾いていました。私の人生って何なのだろう、とふと考えることもありました。

ちょうどそんなときでした、新宿駅で人とぶつかったのは。そして子どもの頃のドイツ滞在を思い出しました。


私は小学6年生のときに、父の仕事の関係で1年間だけ当時の西ドイツに住んでいました。子ども心に「みんなゆったりとしていて、なんだか住みやすい国だなぁ」、と感じていたことを覚えています。

近くには日本人学校がなかったので、私は現地の学校に入りました。ドイツ語も英語もわかりませんでしたが、当初から1年間だけの滞在だと決まっていたので、「それでもいいか」とのんきに考えていたのです。学校で日本人は私ひとりだけ。でも、意思の疎通もままならないこの日本人を、クラスメイトも先生も温かく迎えてくれました。

この1年間のドイツ滞在は、私にとって大きな経験となりました。日本とは違う世界、違う生き方があるのだということを、6年生でおぼろげながら感じ取ったのです。

新宿駅で人とぶつかったときによみがえったのが、このドイツ滞在の記憶でした。日本を出てドイツに行こうと思ったのは、そこが私にとって身近な国だったからです。

1年間ほど日本を離れて、ドイツのゆったりしたテンポで暮らしたい。そうすれば、このイライラから逃れられる。心穏やかな暮らしを、私は切に求めていました。

私の住むベルリンは、ドイツの中でも特異な存在です。子ども時代にいた西ドイツの街とも、まったく違いました。やって来た頃のベルリンは、いまほど経済も回っておらず、貧乏で、でも自由で、ここなら自分も何かできるのではないかという根拠のないエネルギーに満ちあふれていました。

日本でなら、接点があろうはずもない人々。知るはずもない世界。そんな出会いを重ねるうちに、私の中に新たな視点が生まれ、考えの幅が広がりました。気づけば澱のように溜まっていたストレスは消え、心はすっかり軽くなっていました。

この本は、ドイツ暮らしのあれこれをお伝えすることで、あなたの気持ちがラクになったり、新たな視点が生まれるきっかけになればと願って書きました。

私がドイツで経験したこと、そこから試行錯誤して、いつしか心穏やかに暮らせるようになったこと。ストレスを溜めないために、日本でもすぐに実行できることも紹介しています。

正直に言えば、私はベルリンの街が好きなので住んでいますが、ドイツという国がなんでも素晴らしいと思っているわけではありません。すべてにおいて理想の国などありません。別にドイツを真似てほしいわけではないのです。そうではなく、日本とは異なる価値観を知ることで視野を広め、これまでのストレスから解放される。本書をそのための材料にしてほしいと思います。

さまざまな考え方を知ることとは、それだけ広い視野から自分の基準を決められるということ。自分の基準があれば、自分の行動に納得できます。それは、どんな場所でも自分の人生を生きられるということです。私はそれこそが、しあわせだと思います。

あなたも私も、ストレスを溜めずに、充実した毎日を過ごしていけるように。この本がお役に立てることを願っています。

久保田由希

Deutscher Lifestyle – stressfrei

# ストレスを溜めない ドイツの暮らし

シンプルで豊か、ストレスが少ないように見えるドイツの暮らし。ドイツ人たちが日々をどのように過ごしているのか、見てみましょう。

首都でありながら緑が多いベルリン。暖かい季節には、公園の芝生でのんびりとおしゃべり。

# 家族や
# 友人との
# 時間を楽しむ

ドイツ人は卓球が大好き。
マイラケット持参で、公園
の卓球台に集まります。

子どもの遊具がある公園では、のびのびと
遊ぶ親子の姿。週末はさらににぎわいます。

# 週末は
# のんびりと

土日は家族や友人とゆっくりブランチ。週末にブランチブッフェを提供するカフェもあります。

上：土曜はあちこちの広場に市場が立ちます。新鮮な食品はここで。下：日曜に開かれる蚤の市。思いがけない掘り出しものと出合うことも。

上：ベルリン郊外には湖や森が広がります。中心地から電車で30分ほど。下：広大な公園があちこちに。芝生に座るだけでリラックスできます。

左：花や野菜を栽培する賃貸制の庭「クラインガルテン」。
右：バーベキューもクラインガルテンの楽しみのひとつ。

## 身近な緑に癒やされる

左：春に咲き誇るライラックの花。ドイツの美しい季節です。右：太陽の光が貴重なドイツ。晴れた日は外でひなたぼっこ。ピクニックも大好きです。

レンガ壁がお気に入りのベルリンの自宅。私にとってゲミュートリヒ（心地よい）です。

## ゲミュートリヒな住まい

左：部分的に緑色にペイントした自宅キッチン。壁のコルク製の小鳥が、窓外に飛んでいくようなイメージで。右：壁紙を自分で貼って、寝室を静かで温かい雰囲気に。

左：アパートのエントランスに下がるシャンデリア。右：築 100 年以上のベルリンのアパートには階段だけでエレベーターがないこともしばしば。

19 世紀後半から 20 世紀初頭に建てられた「アルトバウ」と呼ばれるアパート。

上：ハムやチーズをふわりと盛りつければ、見た目もきれいな一品に。パンとともに。
下：果物は味が濃く、そのまま食べるのがおいしい。

# ふだんの食事はシンプルに

ドイツ人は旬の味が好き。夏から秋はプフィファリンゲ(アンズタケ)。クリームソースがよく合います。

KOLUMNE

## 国土面積はほぼ同じでも人口密度が異なる日独

ドイツの面積は日本の約95%。国土面積はほぼ同じでも、人口密度はかなり違います。ドイツの中で最も人口密度の高いベルリンでは1㎢当たり約4000人ですが、東京23区は1万4000人以上。近県から通勤する人を含めれば、さらに多くなります。日本は国土の約2/3が森林で人が住める土地は約27%しかなく、東京に一極集中していることが大きな理由でしょう。これに対し、ドイツは国土の約67%が可住地。森林は南部に多く、北海とバルト海に面した北部は、起伏のない平地が続きます。また、ドイツは州ごとの権限が強い連邦国家のため、首都に一極集中していません。ベルリンは首都ではありますが、政治の中心であって、経済の中心ではないのです。人口密度の極端な偏りがないことは、ドイツにおける生活の快適さと深いつながりがあると思います。

Deutschland

見渡す限り平地が続く、ドイツ北部の風景。

ドイツ人に学ぶ

# ストレスを溜めないための10ヵ条

1 自分の基準を持つ

1日の行動を書き出して基準を作れば、自分自身がラクになる。⇨ P.036

2 行為の目的を考える

常に目的を考えれば、大切なことに力を注げる。⇨ P.034

3 優先順位をつける

行為に優先順位をつければ、適切な時間配分ができる。⇨ P.036

4 「お互いさま」の気持ちで

休暇取得はお互いさま。他人に期待しすぎない。⇨ P.055

5 休むときは思いっきり

休日は日常から離れて気分転換を図る。⇨ P.074

6 自然と触れ合う

自然に触れることで、心穏やかになれる。⇨ P.063

7 電車や信号のために走らない

走らずに次を待つと決めるだけで、人生が変わる。⇨ P.067

8 「気持ちいいタイム」を作る

忙しい人ほど、1日の中で気持ちいい時間を作る習慣を。⇨ P.071

9 食事にメリハリをつける

平日と週末で食事内容や品数にメリハリを。⇨ P.132

10 心地いい部屋を作る

家での時間の質が上がれば、人生がより充実する。⇨ P.096

# Kapitel 1 働くこと

die Arbeit

## 休んでばかりに見えるのに、社会が回る不思議

東京での多忙な日々にすっかり心の余裕を失っていて、逃げるようにやってきたベルリン。「私の人生、仕事だけ」と、日本で働いていたときは思っていました。いま考えればちゃんと休日もあり、家族や友人とも過ごしていたので決して仕事一色ではなかったのですが、周囲のことなど見えなくなっていたのです。

会社を辞めてフリーライターとなり、当面暮らせるだけの貯金をしてベルリンに来てみると、今度はドイツのワーク・ライフ・バランスが気になり出しました。なんせ、会社員でも夏休みは3週間ぐらい続けて休むのが当たり前というのですから。平日の午後に街を歩けば、ビールを飲んでいたり、公園でゴロゴロしている人がわんさといるのです。

「みんな平日からずいぶん優雅だなあ。こんな調子なのに、この国の社会はどうして回っているんだろう」と、不思議でなりませんでした。私はあんなに毎日働いても働いても、いっこうに仕事が減らなかったのに……。

やがて、その回答らしきものが少しずつ見えてきました。それにつれて私自身

も、なんでもないごく当たり前の日常を楽しめるようになったのです。

この章では、実際のところドイツの人々はどのように働いているのか、それに対して私がどう考えるようになったかをお伝えしたいと思います。

## ドイツ人は勤勉か

「それは私の仕事ではない」

「私は知りません」

ドイツの窓口で、役所で、電話口で、いったいもう何度聞いたことでしょうか。あまりにもダイレクトな物言いに、当初はとても驚きました。日本で10年以上働いてきた身としては、「だったら担当者に聞いてでも答えてよ」といちいち憤っていたものです。

私は日本のメディアに記事を書くために、ドイツの企業や店舗によく取材を申し込みます。まずはメールで依頼をするのですが、これがなかなか返事をもらえません。ドイツ語で書いたメールの文面は、ドイツ人のチェック済み。体裁は整えていると思うのですが、返答の確率は低いです。

会社に電話をしてみても、「ちょっと確認できないので、またメールしてください」「メールは届いていますが、返事が行くまで待ってください（そしていつまでたっても返事は来ない）」「ここではなく、別の部署に電話してください」など、埒《らち》が明かないのです。

最初は自分に何か落ち度があるのかと思っていましたが、どうやらそういうわけでもなさそうだということが徐々にわかってきました。恐らくは、日本のメディアの取材は、企業側にとってあまり意味がないと考えて返事をしないのでしょう。もちろん中には、迅速かつ丁寧に対応してくれるケースもありますが、かなり稀。最近では私も勝手がわかってきて、反応がなければ粘り強く待たずに、すぐに次のプランに切り替えるようにしています。

このように、物事がスムーズに進まないことは日常茶飯事。現場に来てみたら事前に聞いていたのとは状況が違ったり、約束の時間に人が現れなかったりなど、挙げたらきりがありません。

「ドイツ人は勤勉」とは、恐らく多くの方が持たれているイメージでしょう。「勤勉」が何を意味するのかという問題はありますが、ひとまずそれは置いておいて、そのイメージは正しくもあるし間違いでもある、というのが10年以上ベルリンで暮らしている私の実感です。

## ドイツ、このサービス砂漠

サービスの基準も日本とは比較できないほど。ドイツに住んで誰もが一度は経験しているのが宅配便のトラブルです。もちろん（！）私も幾度となく経験しています。

あるとき私は、大きな段ボールに詰めた荷物を送りたくて、比較的安価な配送会社の有料集荷サービスを依頼しました。集荷はもちろん有料です。そのために人の労力がかかるのですから、当然のことです。

申し込むと、集荷時間は8時から18時までのどこか、という返事。要するに終日待てということです。この時点で、きっと日本の感覚だと「え？・」

右：荷物の発送をするときは、取扱店や郵便局に持参します。左：ドイツの宅配会社にはDHLやHermesなどがあります。

と思いますよね。有料サービスなのに集荷時間が1日のうちのどこかとは、日本なら考えられないことだと思います。ですが、これもドイツに慣れた身としては普通のことと受け止めました。日本の宅配便のように2時間刻みで時間を指定できるなんて、そんなきめ細やかなサービスはドイツではあり得ないからです。

朝8時は、私にとっては早起きする時間帯。それでも集荷を頼んだのだから仕方ないと目覚ましをかけて起き出し、朝のシャワーも浴びずに待ち続けました。トイレに行っている間に来てしまうと困るので、大急ぎで済ませたり。やがて昼になり、そして15時が過ぎ……若干不安になりながらも、集荷時間ギリギリに来るかもしれないと、ひたすら家で待ちました。しかし願いむなしく、チャイムが鳴らぬまま時計の針

荷物の不在票はアパート全体の入り口に貼ってあることも。

は18時に。どうしたのだろう、連絡がうまく取れていなかったのか、集荷員に何かあったのだろうかと思いつつ、外出がてら1階にある郵便受けを開けました。するとそこからヒラリと1枚の紙が出てきました。「13時30分頃に集荷にうかがいましたが、不在でした」と書かれています。

ああ、そのときの私の怒りと絶望といったら……！　こっちは朝8時からシャワーも浴びず、トイレも早々に切り上げて、ひたすら待ち続けたというのに。チャイムなど、誓って一度も鳴らなかったのに！

とにかく怒りがこみ上げて止まりません。さっそく会社にメールを出しました。しかし、メールを書きながら頭の一方では「やっぱりね……」という思いもあったのです。

家にいたはずなのに、チャイムも鳴らずに勝手に不在票が入っている。そんな話はドイツで山ほど聞いていますし、私自身も経験があるからです。私の住まいはアパートの5階。それは1階の入り口脇にある表札の位置を見れば、だいたいわかります。ベルリンの築100年余のアパートの多くがそうであるように、エレベーターはありません。そこまで階段を上っていくのが面倒で、不在だったことにしたのでしょう。

　ちなみに、集荷ではなく荷物が届く場合、不在ならご近所さんのお宅に預けられるか、管轄の場所で保管されます。日時を指定して再配達してもらうシステムはありません。

「配達員の人は安い給料で働いているから、勝手に不在扱いされることがあっても仕方がない」と言う人もいますが、それは社内の事情であり、お客に影響するのは困ったものです。

　結局、私はその出来事があって以来、集荷サービスは頼んでいません。ソワソワしながら終日待った挙げ句に来ない可能性があるならば、なんとかして自分で窓口まで運んだほうが、精神衛生上はるかにいいからです。

　ドイツには「サービス砂漠」という言葉があります。顧客に対するあまりの対応の悪さから生まれた言葉ですが、それはつまりドイツ人自身もそうした状況に腹を立てているということ。それなのに一向に改善の兆しが見られないのは、仕事に対する考え方に理由があるのかもしれません。

## 感謝の基準と、サービスのレベル

こんな出来事を数え切れないほど経験するうちに、いつしか最初からあきらめモードになっている自分に気がつきました。うまくいかないことを前提に考えているものですから、物事が順調に進むとそれだけで上機嫌。「荷物がちゃんと届いてラッキー」、「メールの返事が来てラッキー」、「予定通りに取材が進んで超ラッキー」……という具合に、感謝の気持ちが湧いてきます。職人さんなどに仕事をしてもらった場合なら、チップをはずんでしまいます。

どれもきっと、日本なら当たり前に進む出来事ばかり。ベルリンに暮らすうちに、私の感謝の基準はすっかり下がったのです。最初から期待しないということは、日常生活において怒りやストレスを減らすものなのだなと、妙に納得しています。

ときどき日本に一時帰国すると、そのサービスに感心します。きめ細やかな心配りはドイツでは経験できないこと。でも、もし日本にずっといたら、感謝の念もなかったことでしょう。それどころか予定通りに進まないと、イライラしてクレームを入れているかもしれません。しかし、幸か不幸かベルリンの（恐らくドイツのほかの地域でも似たりよったりではないかと思います）レベルに慣れた私には、ありがたく思えるのです。

では、日本のサービスレベルをドイツ並みに下げれば皆が感謝するのかといえば、それも違う気がしますが、サービスの選択肢はもっと増えてもいいのかもしれません。

たとえばホテルなら、ペンション、ビジネスホテル、高級ホテルなどいくつものカテゴリーがあり、利用者は目的と予算に応じて選べます。ビジネスホテルを選んでいるのに、高級ホテルと同様のサービスを利用者が求めるのはおかしな話ではないでしょうか。逆に、日本で私がお客としてサービスを利用する際に、過剰だと思うこともままあります。高級店でもないのに「そこまでしていただかなくてもいいですよ」と言いたくなるほど、丁寧だったりするのです。かえって心苦しいですし、そこまで丁寧にするのならばもっと料金を請求していいはずです。

それはどの仕事にも当てはまります。値段によって提供する内容が変わるのは真っ当なこと。質の高い仕事を提供しているのなら、それに見合った金額を出すことで、働く側も正当な報酬を得られます。日本やほかの国でも、不当に安い賃金で過酷な労働をさせているニュースが耳に入ることがありますが、きちんと仕事をしても誰からも感謝されず、クレームがあるときだけ叱られ、賃金も安いとなれば、誰がしあわせになれるでしょうか。

## 時間内に成果を出す

ドイツの対応やサービスに憤ることはありますが、ではドイツ人が勤勉でないかといえば、もちろんそういうわけではありません。仕事のやり取りをしていて、その迅速さ、正確さ、聡明さに感動することもたびたびあります。

ドイツの働き方が気になった私は、ドイツ企業で働くドイツ人や日本人にインタビューをしてきました。仕事も役職もさまざまでしたが、共通して浮かび上がってきたのが「一定時間内に成果を出す」ということです。

私が日本の出版社で働いていた頃、仕事が終わらずに遅くなることが日常化していました。しかし、心なしか上司はうれしそうに見えました。あれからもう15

年以上が経ちますが、日本からはいまだに長時間労働のニュースが聞こえてきます。成果よりも、長く働くことに対して評価する経営者がいることを物語っています。

もし同じことをドイツの会社で行ったとしたら、評価は正反対になることでしょう。成果が出ていないにもかかわらず常に残業をする人は、一定時間内に仕事を終えられない人だと判断されます。管理職に就いている人は、部下の残業が多い場合は本人の能力の問題か、仕事量が多すぎるのか、仕事内容が合っていないのかなど、その理由を考えると話していました。

逆に仕事を早く終えることは評価の対象で、そうした社員には給与をアップすると話す経営者もいます。担当業務は社員によって決まっていますから、自分の仕事が終われば帰宅します。

ですから、みな集中して働くわけです。ムダと思われることは極力やりたくないので、重要度が低い内容だとみなした仕事は引き受けないこともあります。この章の最初に、「企業に送ったメールの返事が来ないことがある」と書きましたが、それは担当者が時間内の効率を考えた結果、返事をしないのだと思います。一定時間内の仕事量を重視すればその影響を受ける人も当然いますが、社会がそうし

右上：無料 Wi-Fi（ワイファイ）があるカフェが多く、集中して仕事をする人も。右下：有料のコワーキングスペースを併設しているカフェも。左上:会員制ワーキングスペースの会議室。左下：会員制ワーキングスペースやスタートアップ企業が入る施設。

た基準で回っており、多少の不便があっても全体としてはそのほうがよいという判断を下しているといえます。逆に言えば、どこかで線引きをしないと、仕事は無限に広がっていくもの。全方位に100％対応しようとすれば、それは長時間労働につながると思います。

ドイツの労働時間法では、1日の労働時間が6時間以上9時間以下の場合、昼休みは最低30分と定められています。日本にいるときは当たり前のように1時間の昼休みを取っていた私は、それを聞いてずいぶん短いものだと驚きました。実際にドイツ人に話を聞いてみると、持参したサンドイッチなどでランチを手早く済ませ、30分でデスクに戻り仕事を再開することは普通です。勤務時間中の休みは最低限にして、その分早く帰宅したいという思いが強いのです。

時間内にタスクを終わらせるために、タスクごとに終わりの時間をきっちり決めるという方法もあります。私が取材を行ったある企業では、アポイントメントを入れた時点で担当者から「◯時から◯時まで、あなたとの取材に時間を割きましょう」と言われ、予定通りにきっちりと終わりました。終わりがわかっていれば、こちらもそれに合わせて準備できます。タスクごとに適切な時間を見積もり、終わりの時間を決めれば、残業もある程度は防げるのではないでしょうか。長引きがちな会議も、終わりの時間を事前に決めてそれを遵守するように全員が心がけることで、変わってくると思います。

もちろん誰もが残業をしないわけではありません。繁忙期などの理由から残業を余儀なくされることもあります。

しかし、ドイツには労働時間口座という制度があります。これは残業した時間を自分の口座に溜めておき、後からその分だけ短く切り上げたり、休暇に充てたりできるもの。この制度があると、たとえ残業が続いても、その後に残業分の時間を休日にしたり早めに帰宅することが可能。時期的に労働時間の長短があっても、全体として均すことができます。

ただし、労働時間や働き方は業界や職種、ポジションによって大きく違います。日本と同様、管理職と一般社員の労働条件は異なることが多いです。

ドイツでは各自の努力だけでなく、職場単位でムダを省いて仕事を迅速に回す仕組みも作っていると感じます。日本企業をクライアントに持つあるドイツ人男性は「日本の会社の担当者と話しても、その場では何も決まらないんだ。いつも上司の判断待ちで、時間が過ぎてしまう。決裁権のない人物とミーティングしても意味がない」と常々話しています。

何人もの上司の決裁をもらわなければ話が進まない構造では、当然ながら時間当たりの生産性は落ちます。各人の仕事領域と、その中で下せる判断領域を明確にする。そうやって生産性が上がる枠組みを整え、各人のレベルでも集中的に働くドイツは、その点において勤勉と言えるのかもしれません。

## 行為の目的を考える

ドイツでの暮らしに慣れるに従って、私自身が日本の出版社で勤務をしていた頃を振り返るようになりました。当時私が行っていた編集の仕事は、細かい作業の連続。メール、電話、打ち合わせなどを繰り返していても、やるべきタスクは減るどころか、むしろ増える一方のように感じていました。やってもやっても、終わらない……。無限のループにはまったようでした。

でも、いまならはっきりとわかります。そのときの私は、「なんのためにその仕事をするのか」という、行為の目的を考えることが欠けていたのだと。

すべての行為には、それを行う目的があります。会社の仕事ならば、その目的は成果を出したり、そのための環境を作ること。私が日本で編集者をしていたときの仕事の目的は、本の出版を通して一人でも多くの方に新しい考え方や世界を伝えたい、楽しいひとときを届けたい、ということでした。でもいつの間にかそれを忘れていたのです。

きれいな表を作ったり、報告書のデザインに凝ったりすることは、単に目的を達成するための手段で、最終目的ではないはずです。作業自体が目的になってしまっては、いつまでたっても本来の目的にたどり着けません。当時の私にはその意識が欠けていて、最重要でないことに時間をかけすぎていたのだと気がつきました。

勤務時間内に仕事を終えようとするのなら、何にどれだけ時間を割くかを考えなくてはなりません。なぜなら、時間はコストだからです。時間をかければかけるほど、コストは商品に反映されます。趣味ならばともかく、仕事で行う以上は商品に無限の時間を投入してしまっては、コスト的に成り立たないことは明白です。

「でもうちの会社、残業代は出ないから……」。よく聞く言葉です。じつは私もそう考えていました。当時働いていた数社の出版社では、残業代がありませんでした。私も編集者としていい本を作りたいという思いがあったので、時間のコストを考えずに仕事をしていましたが、それ故に何事にも必要以上に時間をかけてしまったのです。

その結果どうなったかといえば、イライラしっぱなし、ストレスだらけの毎日の連続。なんのために生きているのだか、わからなくなりました。もし辞めずに我慢してずっと続けていたら、病気になっていたかもしれません。いくら好きな仕事だとしても、それだけやっていたのでは、いつか心も体も壊れてしまいます。そんな状態では、いい仕事などできないでしょう。

ですから、仕事を一定時間内に終えようとすることは、とても大切です。ワーク・ライフ・バランスが取れているということは、人間らしく生きる上での基本中の基本であると信じています。

## 自分の基準を持ち、優先順位をつける

そうなると、重要になるのが優先順位。ひとつの行為（会社での仕事も家事も、育児に関することも、それぞれひとつの行為です）を考えたときに、本来なんの

ためにそれをするのかという目的と、そのほかの行為の目的とを比較して、どちらにより多くの時間をかけるべきか、どちらを先にやるべきか順位をつけるのです。もしかしたら、すべての行為を自分がやる必要はないかもしれません。誰かに任せる、お金を払って依頼する、作業自体をなくす、という選択肢もあるでしょう。

優先順位をつけるために必要なのは、基準です。この基準は会社によっても、仕事の目的によっても違いますし、自分自身のことなら、自分と家族の価値観や環境で変わります。

基準を作るということは、自分自身の人生を生きるということです。仕事でもプライベートでも、自分なりの基準を持っていないと、状況に応じて流されるままになってしまいます。そうなるとストレスが溜まりますし、いつも誰かのせいにしてしまうことでしょう。

逆に言えば、自分の中で基準を決めれば、多くのことをすぐに決断できるようになります。それは、自分の行動に納得するということ。ですから後悔することはなく、ストレスが減り、自分自身がとてもラクになります。

しかし、基準を決めるのは、じつは簡単ではないと思います。どうやって決めればいいのかわからないときに役立つのが、1日の行動を書き出してみること。書き出したら、なんのためにそれをしているのか考えてみてください。しばらく続けると、仕事ならば本来の成果を出すための行動なのか、そうではない目的なのかが見えてきます。もし成果には直接つながらないことならば、そこを短縮したり、別のやり方にできないか考えてみます。会社の仕事だけでなく、家事や育児についても、同じように書き出します。

すると、自分にとって大切なことが見えてくるはずです。それがあなたの基準です。

書くということは、頭の中を整理すること。1日の行動を羅列することで自分を客観視し、前向きに動き出せるようになるのです。

## 効率を求めすぎることの弊害

しかし、一定時間内で大きな成果を求められるということは、働く側にとって非常に大きなストレスがかかることは想像に難《かた》くありません。効率を求め過ぎると、仕事の質やサービスの低下にもつながります。その線引きは難しいところです。

ストレスは、心の病気も引き起こします。ドイツの健康保険会社であるBKKの会員1100万人弱を対象にした調査では、2016年に病気で欠勤した日数（病欠の場合は、健康保険会社からお金が支払われます）のうち16・3％が精神疾患が理由とされており、この割合は2012年から年々上昇しています。ちなみに、欠勤日数の最も多い病因は骨や筋肉に関する病気で、欠勤日数のうちの25・2％でした。精神疾患はその次に多い日数となっています。

この調査では精神疾患の要因は不明ですし、風邪とは違って数日の欠勤で職場に復帰することは難しいので、結果だけ見ても病欠した中で精神疾患の患者数が多いかどうかは判断できません。しかし、バーンアウト（燃え尽き症候群）やうつ病はよく聞く話で、決して珍しいことではありません。

長時間労働を強制されるのはもちろんストレスですが、ドイツではまた別の形でストレスが存在しています。パーフェクトな場所など、どこにもありません。だからこそ、自分なりの基準を持つことが大切だと思います。

私はもともと何かを切り上げるのが苦手で、ダラダラしがちです。いまではワーク・ライフ・バランスを考えて仕事ごとに費やす時間を見積もっていますが、行き過ぎると自分が苦しくなりそうです。ですから、ある仕事が見積もった時間を多少オーバーしてしまったとしても、全体で1日の仕事時間を調整するように心がけています。

## 週20時間だけ働く正社員？　選択肢のある働き方

ドイツの働き方でいいと思う点は、会社員でありながらも勤務形態の選択肢が広いことです。

たとえば時短勤務。正社員という立場を守りながら、時短勤務をしているケースはよく聞きます。

就学前の子どもがいる知人の女性は、出産前までフルタイムで勤務していましたが、出産を機に週20時間の時短勤務に契約を変更しました。しかし、立場は正社員のまま。これならば出産・育児を理由に退職する必要はなく、会社側にしても、経験者が残ることでメリットがあります。

また、別の女性は正社員ですが、もともと週30時間勤務という条件での募集でした。彼女は月曜のみ午後からの出勤で週5日働いていますが、ほかの週30時間勤務の社員たちは1日当たりの勤務時間を7〜8時間にし、週4日出勤にしているそうです。「週30時間ぐらいが私にとってはちょうどいい。そのぶんお給料は低いけれど、自分の趣味や勉強に時間を取れるし、社員だから安定しているし。この働き方が私に合っている」と話しています。

時短勤務は、職種やポジションなどの理由から不可能な場合もありますが、会社側と合意できれば問題ありません。時短勤務契約を結ぶのは、育児中だったり、ゆるやかに働きたいという人。私が知る限りでは女性のほうが多いですが、それはドイツでも女性のほうが男性よりも家事・育児に費やす時間が長いからだと思います。しかし、男性でも育児のために時短勤務を選択することに違和感はありませんし、実際にそうしている人はいます。

日本でも取り入れているフレックスタイム制は、ドイツにも浸透しています。ドイツ企業の多くがフレックスタイム制で、コアタイムにオフィスにいれば、出勤・退勤時間は個々人で調整が可能。ドイツのある求人サイトが2016年に実施した統計によれば、6割近くの企業がフレキシブルな勤務スタイルを取り入れています。その内訳はフレックスタイム制、在宅勤務などで、回答者の7割以上

上：時短勤務、フレックスタイム制など、働き方の選択肢があります。下：平日に子どもと遊ぶ父親の姿も見かけます。

がフレキシブルな勤務形態があることが「重要」「非常に重要」と答えています。

ただし、フレックスのコアタイムは9時や9時半から15時ごろまでだったりします。日本の企業で9時始業は普通のことでしょう。私がこれまで働いていた出版社数社は10時始まりでした。ドイツ人はとにかく早く帰宅したい人が多く、朝の7時や8時から出勤して15、16時にはオフィスを出ていくことも珍しくはありません。そのほうが帰宅後の時間を長く取れ、1日を有効に使えると考えるのです。

「ドイツのオフィスには夕方は誰もいない」と言われることがあります。確かに金曜日は早めに仕事を切り上げたりしますが、当然ながらドイツ人が毎日数時間しか働いていないのではなく、勤務時間が比較的自由に調整できることがその理由です。

企業や職種によっては、一定の日を在宅勤務に充てることもできます。通勤時間がなくなるので、その分の時間を別のことに使えますし、小さい子どもがいる家庭では保育園や小学校の送り迎えもラクになります。通勤ラッシュがドイツの比ではない日本の都市部なら、在宅勤務の意味もより大きいように思います。

## どこで暮らしていても、自分の基準を持てば納得できる

人生において仕事がどのような位置を占めるかは、人それぞれ。ドイツでも出世街道を目指して会社中心の人生を送る人もいれば、仕事やお金はほどほどでいいから自分の時間が大切、という人もいます。

２０１７年5月にドイツ労働組合連盟とハンス－ベックラー財団によって作成された、ドイツと世界の労働状況をまとめた「労働アトラス」というレポートでは、ドイツの会社員はいつ、何時間働くのかを自分で決めたいと願う人が増えていると指摘しています。

また、ダリアというリサーチ会社が２０１６年にヨーロッパ28ヵ国で行った調査によると、ドイツではイギリス、フランス、イタリア、スペイン、ポーランドに比べて、キャリアやお金よりも自由な時間が大切と答えた人の割合が多いという結果が出ました。私も取材をしていて同じ感触を持っています。

何がいい悪いという話ではなく、各人のライフスタイルが違うというだけ。ドイツのように働き方の選択肢が多ければ、自分が望む生き方には近づきやすいこ

とでしょう。

では日本では、望むように生きるのは不可能なのでしょうか。私はそんなことはないと思います。確かに、日本のシステムや働き方を自分ひとりで変えることはできないかもしれません。でも、自分の考え方はいくらでも変えることができます。

まずは自分の基準を作ることです。繰り返しになりますが、1日の行動を書き出してみましょう。そして、その行動の目的を考えてみましょう。それをもとに、自分にとって何が大切か、何をしたいのかを考えます。特にしたいことがなくてもいいのです。その場合は、嫌でないことを挙げてみます。

すると、だんだん見えてくると思います。自分はどんな暮らしがしたいのか、仕事は自分にとってどんな存在なのか。何に時間を費やしたいのか……。もしも、働き方や時間の使い方を変えたいと気づいたら、次はそのための手段を考えられます。そうして一歩一歩進めていくうちに、自分にとっていい方向に向かえます。

自分の中で基準ができれば、「相手には相手の基準がある」と理解できるようになります。すると自分の価値観を押し付けたり、自分の期待通りに相手に動いてほしいと思うことがなくなります。特に会社は仕事の場なので、仕事をうまく進めることが目的。一方的な価値観の押し付けでは、周囲の人とのスムーズな仕事が成り立たなくなるでしょう。上司や同僚とのコミュニケーションはそこにポイントに置き、意見が対立したときも相手の価値観は否定せずに、あくまでも仕事の目的に対する発言を心がけます。

基準を作るためには、海外の状況など未知の世界を知ることが役立ちます。それまで無意識に思い込んでいた常識から離れることで、視野が広がりますから。ドイツについて知ることは、そこに意味があると思います。

ドイツ人の家庭を見ていると、幼い頃から子どもに自分の考えを逐一言わせています。そうして訓練されているので、明確な意見を持つのだとわかりました。もともと、ドイツ人は議論好き。ちょっとした会話から、しばしば白熱した議論に発展します。日本人の目にはまるでケンカのように映りますが、そうではなくて意見の交わし合い。相手への攻撃ではないので、終わってしまえばまた笑顔で他愛のない話に戻ります。

日本では自分の欲求について考えたり、表現する機会が少ないように思います。むしろ、自分について考えることは、わがままであるととらえられがちかもしれません。幼い頃から周囲のおとなたちにああしろこうしろと言われて、本当は何をしたいのかが見えなくなってしまった人もいるでしょう。

でも、考えてみてください。あなたの人生は、あなたのもの。自分の頭で考えて判断したことは、きっと納得できます。そうすれば、どこでどう暮らしていても自分の人生を生きられるのです。

KOLUMNE

## 勤勉な職人さんに大感激。
## チップで伝える感謝の心

「来週月曜の7時に伺います」。受話器の向こうで、職人さんが答えました。年代物のわが家のガス給湯器が、ついに寿命を迎えたのです。幸い新機種に替えてもらえることになり、工事の日程を大家さんや職人さんに促していました。黙っていると話が進まないドイツにいると、何かとプッシュする習性が身についています。

そして当日。約束通り朝7時に職人さんが自宅にやって来ました。工事は壊れた給湯器を外し、壁に穴を開けて新たな排気口を作り、新機種を設置するという大がかりな内容。職人さんはそれを7時から16時までほぼ休憩なしで、2日間連続で、たったひとりでやり遂げてしまいました。なんという集中力、なんという仕事量。これぞ勤勉な仕事ぶりと感激し、チップをはずみました。相手の仕事に対する感謝や尊敬の念は、ドイツに来て強くなったと思います。

die Arbeit

エネルギーの消費量が少ない新給湯器。

# Kapitel 2　休むこと

der Urlaub

## 仕事とプライベートの区分け

ドイツ人が集中して仕事を終わらせるのは、早く帰りたいから。家族と過ごしたり、自由な時間を大切にしているからです。ドイツ人がオンとオフの切り替えが上手なのは、「仕事は仕事」というドライな感覚も理由のように思います。

ですから、会社の上司や同僚と終業後にお酒を飲みに行くのは遠慮したいという意見は多数。「なんで仕事の後まで会社の人といなければいけないのか。それは仕事?」という感覚です。日本では一緒に飲むことで親睦を深めようとするんですよ、と話しても理解するのは難しいようです。クライアントに日本の企業を持つドイツ人男性は「日本はただでさえ通勤時間が長くて大変なのに、なぜ飲みに行ってさらに帰宅を遅らせるのかわからない。自分なら、早く帰宅して自分のために時間を使いますよ」と話していました。これは、ドイツでは一般的な考えだろうと思います。

とはいえ、同僚と終業後にお茶をしたり、映画館へ行くこともないわけではありません。入社したばかりという女性は「同僚にお茶に誘われたので、社内の事情を知るためにも行きました」と言います。また、若いスタッフ同士で上昇を目指すスタートアップ企業などでは、社内のコミュニケーションが密なこともあると聞きます。家族、特に子どもの有無が、早く帰宅したいかどうかのポイントかもしれません。

## 年間計画はまず休暇から？

ドイツ人の暮らしを見ていると、何事もメリハリがあるのが特徴。ワーク・ライフ・バランスについてもそれが当てはまります。仕事では集中し、休みはしっかり休む。その切り替えが見事です。よく聞くのは「集中して働くから休みが必要だし、休みがあるから働けるんです」「週末は仕事から離れます」という言葉。しっかり休んでリフレッシュすることが、仕事をする上でも大切だと言います。

中でも長期休暇は、ドイツ人にとって最大の楽しみではないでしょうか。ドイツ人は休暇のために働いているのかなと思うほど、とにかく休暇の話題が大好き。「今度は○○のビーチに行くのよ」と、休暇から帰ってきた直後に、次の休みの旅行先を考えたりするほどです。街のいたるところで目に入るのは、旅行やLCC（格安航空会社）の広告。それがなかなか魅力的なお値段だったりするので、私も心を動かされます。

ドイツには休暇法という法律があり、年間有給休暇は最低24日間と決まっています。これはあくまでも最低日数で、大抵は30日間の有給が与えられます。ここには、日曜・祝日は含まれていません。

ドイツ人は約30日あるこの有給休暇を、何か特別な事情がない限りはほぼ使い切ります。日本だと「でも病気になったらどうするの?」と考えてしまいますが、心配には及びません。病気の場合は、医師の診断書を提出すれば病欠として休むことができ、有給とは別扱い。病気で休んだ分は加入している健康保険会社がカバーするので、給与も引かれません。有給は病欠とは異なり、あくまでもリフレッシュするためのもの、という考えです。

有給が年間30日あれば、年に数回は数週間まとめて休みを取ることになります。たとえば7月に週末も含めて3週間続けて休み、そのほかの時期に1週間ずつの休暇を2回取る、という具合。そこで社員同士の休暇がかち合わないように、年

上：バス停にLCC（格安航空会社）の広告が。5000円程度から飛べます。下：旅行代理店はいたるところにあります。

頭にそれぞれの休暇スケジュールを調整するのです。年頭に決めてしまえば先々の予定が立てられますし、早い時期に旅の予約を入れれば料金は割安。確実に休むには、まず先に休みの予定を入れてしまうのが鉄則だということは非常によくわかります。私はいつも仕事の進捗状況を見ているうちに、ズルズルと休みが取れなくなりますから……。

ドイツ人は旅行好きと言われていますが、確かにヨーロッパ各国を旅するとほぼ必ずドイツ人に出会います。これは長期休暇が取得できることのほかに、LCCの航路がヨーロッパ中に張り巡らされていたり、「マヨルカ島14日間、ひとり700ユーロから。往復航空代込み、高級ホテル宿泊2食付き」といった、1ヵ所長期滞在型格安パッケージ旅行などの商品が豊富という背景があるでしょう。逆にこうした格安パッケージ旅行では、数日間の短期旅行商品を見つけるのは困難。長期休暇のためのインフラが整っていると感じます。

長期となれば、かかる費用も気になるところ。夫婦ふたりならまだしも、子どもも含めた家族旅行ともなれば、それなりに出費もかさみます。ドイツ人の約5人にひとりは休暇のための費用を捻出できないというニュースも以前報道されました。

しかし、前述のように格安の滞在型パッケージ旅行もありますし、ユースホステルやキャンプのように、コストを抑えながら長く旅する手段はいろいろ。キャンピングカーや自転車で、各地を回る旅も好まれています。ドイツ人は休暇を重視しているので、日常生活は倹約してその分を休暇に費やす傾向もあります。

日本人なら、旅先で名物料理を試したり、買物を楽しむことは旅の大切な要素でしょう。しかし、ドイツ人はどちらかというと、ただひたすらのんびりしたり、サイクリングやハイキングなどのアクティビティを重視します。消費主体にはならないので、旅先での出費に対する感覚は、日本人のそれとは違うと思います。

## 「お互いさま文化」は社会をしあわせにする

日本の会社で休みたくても休めないのは、社内の目もありますが、クライアントに申し訳が立たないという思いも強いのではないでしょうか。「人が働いているときに自分だけ休むのは悪い」と考える人は決して少なくはないでしょう。

ドイツでは長期休暇や時短勤務が日常的ですから、休みに対して罪悪感を抱いたりはしません。休みは働く者の権利であり、会社側としても取らせないといけないのです。会社のメールアドレスに連絡すると「いついつまで不在ですので、それ以降に再度連絡してください」と自動返信が送られることもしばしばあります。急ぎの場合は、その部署に連絡すればいいのです。

休みに対してクライアントからクレームが入らないのは、誰でも休むのは当然だという意識が定着しているからでしょう。自分も休みたいので、相手の休みも受け入れるのです。「お互いさま文化」とでも呼べるでしょうか。

よく日本からのメールで「お休みをいただきます。ご迷惑をおかけして申し訳ありません」といった文言を見かけますが、私はドイツ暮らしに慣れたせいなのか、謝ることなど何もないのにと思います。むやみに謝罪の言葉を使うのはお互いに萎縮することにつながると思いますし、心からお詫びをしたいときにいったいどんな言葉を使えばいいのでしょう。クレームを予防する意味合いで枕詞的に謝罪を述べるのであれば、それは社会を窮屈にさせるだけではないでしょうか。

休みの間、仕事に支障を来さないのかといえば、イエスでもありノーでもあると言えます。日本の会社では担当者しか答えられないことが多いように思いますが、ドイツでは担当者以外にもわかるように書類を整理したり、タスク管理システムなどで部署内での情報を共有化することが重要。そうやって、交代で休める体制を整備しているのです。

実際のところ、長期休暇による不便を感じることも多々あります。ですがドイツに住んでみて、たいがいのことはなんとかなるとわかりました。休みを理由に何かの期限が延びたりと、状況の説明次第で意外と柔軟性があるのです。そうした経験を重ねるうちに、誰かが休んでいても社会は回るものだと実感するようになりました。

多少の不便はあっても、休みがきちんと取れてリフレッシュできる社会か、非常に便利だけれども、働く側になればしんどい社会か。どちらが住みやすいでしょうか。

ドイツに住んだからこそ見えたことですが、日本はサービスやインフラの標準レベルが高く、それゆえに周囲に対する無意識の期待値も非常に高いです。でも人はみなサービスを受ける側であると同時に、与える側でもあります。「きっと〜してくれるはず」「普通は〜してくれるよね」という他人への思い込みを捨てて、何かあったときは「お互いさま」と思うように心がけると、それだけで余計なストレスがなくなり、心がスッと軽くなります。自分自身がラクになるのです。

## 週末の過ごし方

長期休暇は旅行へ出かけるドイツ人ですが、週末の休日はどう過ごしているのでしょうか。多くは「自分の大切な人々と過ごすこと」を重視しています。そう、家族や友人たちと一緒に時間を過ごすのです。

休日の行動も、先に述べた「行動の優先順位と基準」がベースになっています。私はよくドイツ人に「人生で何が大切ですか」と聞きます。答えの多くは、男女ともに家族や健康。もしかしてそれは、日本で聞いても同じかもしれません。でもドイツ人は考えをそのまま行動に移すというのか、自分の価値観に従って行動しています。家族が大切ならば、休みは家族と一緒に過ごす。行動のプロセスが非常にわかりやすいのです。

日本語には「家族サービス」という言葉がありますが、私は常々これに憤慨しています。サービスとは何事ですか。まるで仕方がないからやっているような印象を受けます。家族が大切ならば、ともに過ごしたいと願うもの。間違ってもサービスという言葉は出てこないと思うのですが……。

## 掃除に料理。普通の家事もみんなでやれば団らんに

土曜日の午前中は、家族全員で家の掃除をするという話をよく聞きます。ドイツ人は友人を気軽に家に招くので、自宅を人に見せる機会が多いもの。完璧にピカピカでなくても、ふだんからある程度整理整頓しています。そして平日にやりきれなかった掃除を、土曜にまとめてやるのです。いわば、プチ大掃除デーというわけです。

こういう場合、母親がひとりでやったりはしません。家族みんなで分担しあうのが普通で、もちろん子どもも参加します。たとえ4~5歳ぐらいでも、親が子どもに掃除を教えます。それは「子どもはやがて自立しなければいけない」という親の思いがあるから。家事も含めて、身の回りのことは自分でできるように育児しているのです。この場合、掃除は家事という仕事ですが、同時に家族がともに過ごす時間でもあるといえます。

でももし、掃除が原因で家族がケンカになってしまうのなら、それはいいこと

ではありません。じつはドイツでは、掃除を代行サービスに外注することはごく普通のことです。掃除が好きではないという人は「嫌いなものをみんなでやって不機嫌になるのはナンセンス。それならお金を払ってプロに頼み、その時間をほかのことに使ったほうがいいですよね」と、話していました。合理的な考え方だと思います。そのほか「忙しくてまとまった掃除の時間が取れない」などの理由から、外注サービスを利用する人もいます。しかしサービスに任せっきりなのではなく、毎日の片づけや拭き掃除などは自分たちで行っています。

ちなみに、掃除の代行サービスは1時間2000円弱程度から。週に1回か隔週で2時間ほど頼むだけでも、だいぶ違います。掃除の外注は多くの人が行っていることもあり、家事を怠けているといった意識はありません。当然ながら、誰かから非難されることもありません。自分たちの基準・価値観に従って、時間とお金の使い方を決めているのです。

料理は掃除に比べると、楽しむ要素がより強いといえます。ドイツの食生活については後述しますが、日本人には想像がつかないほど簡単で質素。朝も夜もパンにチーズやハムをはさんだ食事で終わり、ということはごく普通です。その代わり、週末は家族全員で楽しみながら料理をするのです。そうなると料理は家事でなく、娯楽になるのではないでしょうか。家族で行う作業は、たとえ家事でも団らん・娯楽になるのだと、ドイツの家庭を見ていて思います。ただし、家事を娯楽にするためのポイントがあります。それは母親だけでなくみんなでやる、嫌々ではなく作業自体を楽しんでやる、という2点です。

## 日曜日は買物の日にあらず

では日曜日はどうしているかというと、家族や友人とゆっくりブランチを楽しむのがよくある過ごし方。ベルリンにはカフェがいたるところにあり、週末に街を歩けばにぎわう光景が目に入ります。カフェが少ない小さな街ならば、いつもより遅めに起きて、のんびりと家の食卓を囲みます。

そのほか、自転車や車で遠出をしたり。公園の散歩も大好きです。大都市でも緑が多いので、自然と触れ合えます。

ドイツには閉店法という法律があり、飲食店や蚤の市など一部の例外を除いて、日曜日と祝日はお店はどこも休みと決まっています。スーパーマーケットも同様ですし、コンビニはドイツにはありません。ですから、日曜にショッピングを楽しむことはできません。

日本でそう話すと、「じゃあいつ買物をするんですか」と聞かれます。確かに、私も日本では週末によく買物をしていました。平日はスーパーに行く程度しか時間がなかったので、週末に服などを探すために都心まで出かけていたものです。

ところがおかしなもので、日曜日にほとんどのお店が閉まっているドイツの暮らしに慣れると、これまでなぜ貴重な休みにわざわざ疲れることをしていたのかと思うようになりました。人混みに出て歩きまわるのは、それだけでエネルギーを消費します。平日も通勤で大変なのに、週末も疲れ

右：日曜日はのんびりと過ごします。左：市場の近くの川辺でひと休みする親子たち。

ることをしていたので、いま思えばストレスが溜まる一方でも不思議ではありませんでした。日曜の閉店によって、そのことに気がついたのです。

もしショッピングがあなたにとって楽しいのなら、それはあなたにとって大切な時間です。でも疲れて面倒だと感じるようならば、週末の買物の頻度を減らしたり、通販などの選択肢もあります。服などは、一度お気に入りのお店やブランドを見つけてしまえば、むやみに探しまわる必要もなくなります。そうやって自分なりのペースを見つけていくことが、ストレスを減らすことにつながります。

## お金のかからない余暇、緑のヒーリング

ドイツは日本のように、首都に一極集中している国ではありません。ベルリンはドイツの首都ではありますが、緑が多く、芝生に寝転がれる広大な公園が市内各地に広がっています。30分も電車に揺られれば大きな湖がいくつもあり、夏はそこで泳ぎます。郊外の森では、秋にきのこ狩りが楽しめます。

こんなふうに自然が身近にある環境は、心穏やかな毎日と深くつながっていると実感しています。

私は何か考えごとがあるとき、木々が生い茂る広い公園を散歩します。以前ドイツ人から「悩んだら森を歩くといい」と教えてもらったからです。これが、まさにそのとおり。ざわざわという葉擦れの音、柔らかな木漏れ日。あちこちから小鳥のさえずりも聞こえてきます。緑のシャワーを浴びているようで、30分も歩けばまるで生き返ったよう。前向きな気分で、再び物事に取り組めます。

カラリとした夏の夕暮れの公園も素敵です。キヨスクのような食品店で冷えた瓶ビールを1本買って、芝生の上でラッパ飲み。ただそれだけで、あぁなんて素晴らしいひとときなことか。たった2ユーロ（約260円）のビール1本で、天国がやって来るのです。

どの公園にも芝生があることが、心地よさの秘密なのかもしれません。暖かい日に公園に行くと、芝生のあちらこちらに人が座って本を読んだり、寝転んだりしている姿を目にします。公共の場でありながらも、そこにはそれぞれ自分だけの時間が流れています。そんな場所が家から歩いて行ける距離にあるので、いつでも元気になれるのでしょう。

また、ドイツ人は庭仕事も大好き。一戸建てならば庭は付いているものです。

街路樹や植え込みで、一般の歩道にも緑があふれています。

ベルリンのクラインガルテン。広い庭と小屋があります。

大都市の中心部になると、ほとんどがアパート住まいですが、それでもバルコニーに鉢植えを並べて小さなガーデンを作っています。

ドイツには「クラインガルテン（またはシュレーバーガルテンとも）」という、小屋が付いた賃貸契約の市民農園もあります。といっても、日本なら家一軒を建ててしまえるほどの広さがある土地なので、市民農園というには違和感があるかもしれません。クラインガルテンは、郊外だけでなく市内の比較的アクセスのいい場所にもあるので、仕事帰りに気軽に立ち寄ることも可能です。そうやって頻繁にクラインガルテンを訪れては、花を植えたり、野菜や果物の栽培に精を出しています。

収穫したものは調理して食卓へ。リンゴやベリー類といった果物は、ケーキやジャムに。暖かい季節には庭でバーベキューをして、採れたての野菜をその場でいただくこともあります。私も以前に一度、友人が所有するクラインガルテンで自分が植えたズッキーニを収穫して食べたことがありました。それがえも言われぬほどおいしいのです。あの味を知ってしまうと、野菜を店で買う気が失せるほど（しかし私には庭がなく、クラインガルテンも借りていないので、ふだんは野菜を買っているのですが）。栽培から収穫、調理までの一連の行為は、それ自体が実益を兼ねた楽しい余暇の過ごし方というわけです。

## 「走らない」。そう決めた瞬間から毎日が変わる

私はどちらかというと、せっかちなほうです。ですからよくイライラしていました。でもベルリンに住むうちに、だんだんと心穏やかでいられる時間が増えてきました。何もそれは、ドイツにいなければできない話ではありません。日本にいても心穏やかでいるための、とても簡単な方法があります。

それは、電車に乗り遅れそうになったり、赤信号になりそうなときに走らない

こと。走らないで、次を待つのです。たったそれだけで、毎日が変わります。

私は、日本では常に気が急いていました。少しでも早く、少しでも先へ。いつもそんな気分でした。通勤時代に乗っていたのは、必ず快速電車。同じ区域を各駅停車も走っており、そちらのほうが格段に空いている上に、乗車時間は数分しか違いません。それでも私の中では、各駅停車に乗るという発想は当時まったくありませんでした。

駅に着けば、エスカレーターでも止まらずに歩いて昇降。人波を縫うように進み、ホームに出た瞬間に電車が滑り込んできたりすると、そのタイミングのよさにほくほくと喜んだりしていたものです。

ベルリンで気づいたのは、人の歩くテンポがゆったりしているということでした。脚の長さが違うせいもあるのでしょうが、私のようにセカセカ歩いている人は少数派。歩きだけでなく、動作全般がゆったりしています。なんとなく私のテンポも、どんどんゆったりになりました。

すると、イライラすることが減ってきたのです。常に先を急いでいた私は、人混みで思うように進めなかったり、何かを待ったりするのが嫌でした。でもそうやって急いだところで、本当のところいったい何分の時間を稼げたでしょうか。恐らくほんの数分しか違わないことに私は莫大なエネルギーを費やし、それがストレスの大きな原因になっていたことに気がつきました。

日本の大都市は人口密度が高いです。東京は1㎢当たり6000人以上で、23区に限れば1万4000人以上にもなります（2018年）。一方でベルリンは約4000人です（2017年）。人が多い場所にいるのは、それだけでストレスの原因になります。

人口密度の問題は自分ひとりではどうにもなりませんが、電車や信号で走らずに次を待つことは、誰にでもいますぐに始められます。「走らない」と決めれば、その分余裕を見て行動することにつながります。そしてそれは最終的に、人生を変えると思います。

1日に数本しか交通がない場所ならともかく、都市に住んでいるのであれば、ちょっと待てば次の電車はやってきます。信号もまた青に変わります。

私は1年のうち2ヵ月半ほどを東京で過ごしますが、いまはもうターミナル駅も落ち着いて歩けますし、各駅停車に好んで乗車しています。

上：赤信号になりそうなときには、走らずに待つことを心がけます。下：わが家のキッチンからの眺め。中庭の木が見えて気持ちいいです。

**お手数ですが下記アンケートにご記入の上、お送りください。**

■お買い上げ頂いた本のタイトルは？　（　　　　　　　　　　　　　　　　　　　　　）

■本書をどうやってお知りになりましたか？
書店で実物を見て／書評・新刊紹介を見て（媒体名　　　　　　　　　）
新聞広告（　　　　　　　新聞）／雑誌広告（誌名　　　　　　　　　　）
友人・知人からの紹介で／インターネットを見て（サイト名　　　　　　　　　　　）
その他（　　　　　　　　　　　　　　　　　　　　　　　　　　　　　　　　　　　）

■お買い求めの動機は？
著者／書名／デザイン／帯の文句／テーマ／概要（あらすじ）／値段／
書店での展示の仕方／その他（　　　　　　　　　　　　　　　　）

■本書について、該当するものに○印をお願いします。
・定価………………高い　／　ちょうど良い　／　安い
・内容………………満足　／　普通　／　不満
・分量………………多い　／　ちょうど良い　／　少ない
・判型………………大きい　／　ちょうど良い　／　小さい
・デザイン………良い　／　普通　／　良くない

■読後の率直なご感想をお聞かせ下さい。

■お好きな本のジャンルは？
日本文学／海外文学／ノンフィクション／エッセイ／実用書／雑貨／料理／
アート／自己啓発／ビジネス／旅行・紀行／マンガ　その他（　　　　　）

■よくご覧になる新聞、雑誌、インターネットサイトは？

■どのようなジャンル、テーマに興味をお持ちですか？
ファッション／インテリア／コスメ／ビューティー／食／旅行／車／バイク／
スポーツ／アート／健康／コンピュータ／家事／育児／ショッピング
その他（　　　　　　　　　　）

■書店を訪れる頻度は？　毎日／週に（　　）回／月に（　　）回／年に（　　）回

■月に何冊ぐらい本をご購入されますか？　（　　　　）冊

■ご希望の著者、出版企画などがありましたらお書き下さい。

**ご記入ありがとうございました。**

POST CARD

料金受取人払郵便

小石川局承認

7744

差出有効期間
平成 31 年
5月22日まで
(切手不要)

112-8790

127

東京都文京区千石4-39-17

**株式会社　産業編集センター**

出版部　行

★この度はご購読をありがとうございました。
お預かりした個人情報は、今後の本作りの参考にさせていただきます。
お客様の個人情報は法律で定められている場合を除き、ご本人の同意を得ず第三者に提供することはありません。また、個人情報管理の業務委託はいたしません。詳細につきましては、「個人情報問合せ窓口」（TEL：03-5395-5311〈平日 10:00 ～ 17:00〉）にお問い合わせいただくか「個人情報の取り扱いについて」（http://www.shc.co.jp/privacypolicy.html）をご確認ください。

※上記ご確認いただき、ご承諾いただける方は下記にご記入の上、ご送付ください。

株式会社 産業編集センター　個人情報保護管理者

| | |
|---|---|
| 氏　名《ふりがな》 | （男・女／　　歳） |
| ご住所　〒 | |
| TEL： | E-mail： |
| ご職業　　学生・会社員・自営業・主婦・フリーター・その他（　　　　） | |
| ご購入日及び店名　　年　　月　　日　　市（町・村）　　書店 | |
| 新刊情報を DM・メール等でご案内してもよろしいですか？ | はい　いいえ |
| ご感想を広告などに使用させて頂いてもよろしいですか？ | はい　いいえ |

## 1日の中で「気持ちいいタイム」を作る

もうひとつ、日本でいますぐに始められる習慣があります。それは1日の中のどこかで、自分にとって気持ちいい時間を作ること。たとえば寝る前に好きな音楽を1曲聴くのでもいいですし、お風呂にゆっくりと浸かる、朝にストレッチをするなどなんでも構いません。忙しい人ほど、こうした時間は必要だと思います。

私の「気持ちいいタイム」は、朝食。キッチンの窓際に小さなダイニングコーナーがあるのですが、そこで外を眺めながらコーヒーを飲み、朝食をとります。春先から夏にかけては、小鳥のさえずりが聞こえてきます。窓から見える、中庭に植わった木には、淡いレースのような若い緑の葉。やがてだんだんと色濃くなり、9月に入れば黄色く色づいていきます。冬はキャンドルを灯しながら、灰色の空を眺めます。そうやって毎朝移りゆく季節を堪能し、気分を上げて1日を始めるようにしています。

## 豊かな暮らしとは何か

いつからか、真に豊かな暮らしとはなんだろうと考えるようになりました。

日本は魅力的な品や娯楽であふれています。限定品にかわいい雑貨、人気ブランドとのコラボ商品に、有名パティシエ監修による新作スイーツ……。どれもキラキラと輝いていて、眺めているうちになんだかほしい気がしてきます。話題の店だから行ってみなくちゃ。限定品だから買わないと……。気づかないうちにそう思い込んでいます。もちろんそうした品々は、日々の生活を彩ってもくれます。

でもちょっと立ち止まって、考えてみてください。それはあなたにとって、本当にほしいものですか？

ドイツでは、そうした華やかなものはほとんど見かけません。きらびやかなお店も限られています。でもなぜか不満には感じません。なぜなのでしょう。

ドイツで気づいたのは、お金をかけずにリラックスして楽しめることがたくさ

小さな子どもを乗せた自転車。安全性も高いです。

んあるということです。

それはやはり、自然環境によるところが大きいでしょう。都市に暮らしていても、自然は身近に存在しています。公園も湖も森も、誰もが簡単に行ける場所。街にも緑はあふれていますし、家の庭やバルコニーで自然を感じることもできます。

風や光を感じながら、ただただゆっくりと過ごす。大切な人と心ゆくまでおしゃべりをする。夏の夜、キャンドルを灯しただけのわずかな明かりの中で、何時間も外で話し込んだこともあります。別に自然の中でなくても構いません。冬なら暖かい部屋で、やっぱりキャンドルを傍らに置いて同じように過ごします。

そうした一瞬一瞬が、どれだけ心を満たしてくれることか。生活の質が高いとは、こういうことなのだと気づきました。いまでは、こうした一瞬を重ねることが、生きる上での本質だと思っています。

いまの私の暮らしは、日本の感覚からすればあまりにシンプルで何もなく見えることでしょう。でも私は、物足りないと思ったことはありません。心に栄養が行き届くので、物質的な助けはきっともう、いらなくなったのです。

## 休むときは思いっきり

私はフリーランスということもあり、ついつい仕事をやってしまって、ちゃんとした休日を後回しにしがち。でも、それはよくないことだと思っています。何かひとつのことばかり考えていると行き詰まりますし、効率が下がります。ですから人には休みが必要です。それも、ただ漫然と休日を過ごすよりは、日常とは別のことをして気分転換を図るほうが、休みの効果がより得られる気がします。

私の場合は、カメラを手にまだ行ったことのないエリアを散歩することが休日のお楽しみ。日頃から気になるスポットを見つけると「行きたいリスト」に入れておき、休みの日に出かけるのです。私は建物を鑑賞するのが趣味。好みの建物を見つけると夢中になって撮影をしています。そのときはすべてを忘れて無の境地になっていますが、これがとてもよい気分転換になります。それなりに歩くので体は疲れているはずなのに、心は元気になっています。

ドイツ人は、やはり自然の中で過ごすことが大好きです。休日ならば自転車でちょっと遠出をしてみたり、スポーツなどを楽しみます。

休みの過ごし方のポイントは、いかに休みに集中できるか。休みに集中するというのはおかしな表現かもしれませんが、いつもとは違うことに没頭することでリフレッシュできます。そしてまた日常に帰るのです。

働くことと休むことは、車の両輪のようなもの。どちらか一方だけで走ることはできませんし、そのバランスが大切です。メリハリのある生活を送るドイツ人は、そのことをよく理解しているのでしょう。

KOLUMNE

## ドイツ鉄道の会員になり<br>時間が空くとすかさず旅へ

フリーランスで働いていると、いつ仕事が来るかわかりません。おもしろそうな仕事のチャンスは逃したくない……そう思っていると、休みを逃してしまいます。でも、働き詰めがよくないことは経験済み。ですから私は、数日空きそうだとわかると、すかさず短い旅行に出ることにしています。そんなときに重宝なのが、ドイツ鉄道の料金が割引になる「バーンカード」。年間費を払うと、正規料金の25％あるいは50％の金額で乗車できるのです。誰でも適用になる早期割引と組み合わせれば、よりお得な料金に。切符の購入も座席指定もネットで完了し、切符は印刷するかスマホにダウンロードするだけ。私がよく訪ねるのはドイツ北部の海沿いや、中世の面影を残す都市。ベルリンにないものに触れて、ドイツの幅広い魅力を味わいます。それが再び、よい仕事につながっていくと信じて。

der Urlaub

バルト海に面したハンザ都市シュトラールズントは大好きな街。

# Kapitel 3　住まうこと

die Wohnung

## 100年前の家に住む

ベルリンに住みはじめた頃、街を歩くたびに「うわ〜」と圧倒されていました。通りの左右から迫りくる、5〜6階建ての集合住宅。その外壁には人物や植物の彫刻が施されていたりします。

ドイツの住まいは、ほかのヨーロッパの国々と同様、大都市の中心部なら集合住宅が基本。ただ、私がそれまでイメージしていた典型的なドイツの集合住宅といえば、戦後の1960〜70年代頃に建てられた比較的シンプルな造りのものでした。小学6年生のときに1年間だけ過ごした旧西ドイツのボーフムという街は、大学のある街でもあります。大学周辺にあったのは70年代にできた高層アパート。その当時、ときどき週末に出かけたデュッセルドルフやケルンの中心街も、戦後にできた建物が目立ちます。ですから、私の頭のなかではドイツの集合住宅というと、なんとなく戦後のシンプルな建物を思い描いていました。

しかしベルリンの中心部は、19世紀後半から20世紀初頭の集合住宅が多いのです。1871年にドイツ帝国が建国され、その首都となったベルリンですが、

1860年代から仕事を求めて全国から人々が集まりはじめ、住宅不足に陥りました。また、当時は疫病もありました。それらの状況を改善するために都市計画を立て、採光や風通しを考慮した集合住宅が1860年代以降から造られはじめたのです。ベルリン中心部の住宅は5〜6建てで、奥に中庭を持った構造の集合住宅が基準となり、20世紀初頭までそれに則った住宅建設のラッシュとなりました。戦争などで破壊されずに残ったものは、いまに至るまで使われています。19世紀後半以降の話ですから、つまり築100年以上というわけですね。地震がなく、レンガ造りということも、1世紀以上にわたり建造物が残る大きな理由でしょう。

こうした古い建物をドイツ語で「アルトバウ」と言います。直訳すれば「古い建物」という意味。そのものズバリの言葉です。新築もありますが、ベルリン中心部ではどちらかというと少なめです。

最初は「そんな古い家に住めるの?」などと思っていました。日本は自然災害が多いせいもあるのでしょうが、築100年を超える家など、めったに見かけません。あったとしても、すきま風で寒かったりと、快適な生活を送るのは難しいのではないかという印象もあります。

上：築 100 年以上のベルリンのアルトバウ。下：室内中央に白いタイル製の古いストーブが残る、ベルリンのカフェ。

ところがベルリンやそのほかのヨーロッパの集合住宅は、建物自体は古くても、室内は現代に合わせて改装されているのです。たとえば、建築当初はセントラルヒーティングはもちろんありませんでした。バスルームもなく、トイレは階段の踊り場にあるものを共用していたそうです。窓ガラスはあっても、ガラスも窓枠も気密性の低いもの。そうした100年前の設備は、改装されて最新のものに変わっています。まれに、未だにタイル製の大きな戸棚のような石炭ストーブが現役の場合もありますが、そうしたケースは減る一方です。それはそれで、寂しくもあるのですが。

とはいえ、いくら改装をしたところで、古い住宅と新築住宅なら当然新しいほうが価値があるのでは、と思われますよね？　ところが、これがそうではないのです。人気が高いのは、内部を改装され、きちんと手入れが施されたアルトバウ。なぜかというと、ドイツ人は新築にはない価値をアルトバウに見出しているからなのです。

アルトバウができた19世紀後半から20世紀初頭にかけては、植物などからインスピレーションを得た曲線的なデザインのユーゲントシュティール様式（ドイツにおけるアール・ヌーヴォー様式）が流行っていました。建物に一歩足を踏み入れれば、玄関ホールの天井に優美な石膏レリーフが施されています。階段の手すりは緩やかにカーブし、曲線的な装飾が。ひと部屋の大きさは広く、天井は優に3メートルを超える高さ。ただ単にアルトバウの部屋にいる、それだけで何か特別な気持ちが湧いてくるものです。

そうした手間ひまかけた余裕のある建物は、効率重視の戦後には建てられなくなりました。戦後70年代くらいまでにできた集合住宅は、ひと部屋当たりの面積がもっと小さく、天井もアルトバウに比べて低い造り。室内の装飾もありません。ただ、戦後に集合住宅が新築された当時、アルトバウは現在のように改装されていませんでした。電気や水道などのインフラが建設当初からきちんと整っていた戦後の新築物件は、できた当時は人気があったのもわかります。室内にバスルームがあり、蛇口をひねればいつでも温かいお湯が出て、部屋も暖かい。人間らしい暮らしができるということは、住まいとして何よりも大切なことでしょう。

その後、アルトバウにもセントラルヒーティングやバスルームなどが各世帯に完備されるようになり、手入れのされた趣のある美しいアルトバウが好まれるようになりました。

私もアルトバウに住んでいます。わが家の建物にはエレベーターがないので、上の階に住んでいる私は、毎日の階段の昇り降りがかなり大変です。外出から戻って一段一段階段を上り、自宅玄関前にたどり着いたときにはハァハァと息を切らしてしまうほど。日本からベルリンに戻り、食品がぎっしり入った重いスーツケースを抱えているときなどは一大事で、階段の踊り場ごとに休憩しながら時間をかけて上ります。こうなるともう、登山です。

ですが私は、100年の月日を超えてきた、風情のあるわが家が大好き。この味わいは、何ものにも代えがたい。いくら室内を改装しているとはいえ、使い込まれた重い木の扉や板張りの床の風合いは、真新しい建材では決して生み出せないでしょう。傷さえも、長い月日を経てきたことによる魅力です。

「古いものに価値を見出す」というのは、西洋的な考え方かもしれません。日本の神社では遷宮といって、定期的に神殿を建て替えるものです。神を祀る場所は常に新しく、清らかであれという思想は、西洋とは対極にあるように思えます。木の文化と石の文化の違いなのかもしれません。

ベルリンに住みはじめてから、時間に対する感覚が変わりました。それはアルトバウに住んでいることも大きな要因だと思います。日本にいた頃は10年前なら昔のこと、1世紀前といえば自分とは関係のない歴史の教科書の世界でした。それがベルリンで1世紀前の家に住むようになり、歴史の世界と自分がいま生きている現実がつながったと感じるようになりました。

なにせ、住んでいる家のそこかしこに昔の面影が漂っているのです。私はリビングルームの一角に仕事用のデスクを置いていますが、ちょうどその位置だけ床板の様子が違っていました。明らかに後から張り替えています。「なぜ？」と最初は不思議でした。でも、これまで数百軒ものベルリンのお宅を取材していたことから、「あ、もしかしてここにタイル製の石炭ストーブがあったのだな」というしか理解したのです。

数十年前は最近の話、100年前など少し前のこと。いまではそんなふうに思っています。日常がめまぐるしく過ぎていくとき、この時間感覚を思い出すと、少しだけ心がゆったりするような気がします。

## 空っぽのアパートで自分のスタイルを作り上げる

ベルリンの集合住宅には、賃貸でも備え付け家具というものが基本的にありません。短期滞在者向けの家具付き部屋や、以前住んでいた人が大家さんの了解を得て何かを残していくことはありますが、通常は何もない状態で入居します。

私がいまのアパートに入居したときもそうでした。部屋の照明は、天井から電線コードがぶら下がっているだけ。カーテンレールも、造り付けの棚もありません。キッチンには吊り戸棚などの収納スペースはなく、オーブン付きのガスコンロがぽつんと置かれているだけでした。キッチン棚や引き出しは個人が所有しているものなので、引っ越し時にすべて持っていってしまうからです。

「こりゃ、大変だな……」

引っ越しは初めてではなかったので頭でわかってはいたものの、これからやるべき作業の量を考えると気が遠くなりそうでした。

ドイツ人はＤＩＹが得意です。ちょっとした修繕や家具作りなどは自分たちでやってしまいます。ですから、たいがいどの家にも電動ドリルドライバーがありますし、そのほかの工具類もそろっています。ホームセンターを覗けばそこにあるのは、ペンキ、壁紙、ミリ単位で陳列された電動ドリルの刃、何に使うのか（私には）わからない各種コード類、バスタブに照明器具……と、建物の外から中まですべて手作りできるのではないかと思うほどの、商品の充実ぶり。そんな巨大ホームセンターのチェーンがドイツ全国で数社も展開されていることからも、DIYへの限りない愛情を感じます。

ベルギー人やオランダ人も同様にDIY好きといいますから、この精神は広くヨーロッパに当てはまることなのでしょう。その背景には、ヨーロッパの家は100年単位で持つゆえに、こまめな修繕や手入れが必要で、そのたびに職人さんに依頼をしていては高額な費用がかかってしまうという事情もあります。それに、家族や友人とおしゃべりをしながら作業をするのは、楽しい時間でもありますす。ドイツ人は幼い頃から家庭で何かを作ったり直したりすることに親しんでいるので、DIY能力が自然に身についているのでしょう。

さて、私の引っ越しは入れ替わり立ち替わり大勢の人に助けてもらいながら、2週間ほどかけて普通の生活、つまり洗濯や料理が家でできるようになりました。キッチンの組み立てや設置などは人に頼んで、私は壁を好みの色にペイントしたりなど、自分ができることを毎日続けました。

こう書くと、ドイツの引っ越しはなんて面倒なのだろうと思われるかもしれません。でもそれは前述の通り楽しい時間でもありますし、お仕着せの設備がついていないからこそ、自分の好みやライフスタイルに合った住まいを造れるのだと思います。入居前の空っぽの部屋を見ながら、「窓の景色を見ながら仕事をしたいからデスクはここに置いて……、楽しい気分でできるようにその周りは、壁を明るい色にペイントして……」などとプランを練るのは、心がはずむ行為です。

私がベルリンで出会う人たちはクリエイティブな人が多いのですが、それは日々の暮らしを通して何かを作ったり想像する習慣がついているからだと思います。「いつも部屋の模様替えを考えているの」と話していた人は、家具がほしいと思ったときに、家具店に行くという発想をしません。そうではなく、蚤の市で見つけたり、知人から譲り受けたものを自分好みに手を加えたり、一から作ってしまいます。そういう人はまた、何かひとつのものを別の用途に作り変えるのが上手。たとえばティーカップをランプシェードにしたり、プランターを壁に付けて棚として使ったり。別の物に見立てる発想力というのでしょうか。

その影響を受けて、私もなるべく具体的な名詞ではなく、形状でものを見るようになりました。その例が、キッチンに置いている食器棚です。現在の家への引っ越しをきっかけに、食器を収納するものがほしいと思っていました。でもキッチンパーツとして売られている引き出しは、私には予算オーバー。一般的な食器棚は、高さがありすぎて私には使いにくそうでした。「いわゆる食器棚じゃなくて、なんかこう……棚板がたくさん付いた棚のようなもの……」と、「食器棚」ではなく「棚板がたくさんあるもの」というイメージで探しました。結局買ったのは、通販サイトで見つけた、高さ85㎝の本棚。同じサイズのものを2つ購入し、壁に沿って並べ、ビスを通して2つをつなげ、その上に木製の天板を渡して固定しました。本棚をつなげた食器棚の向かい側には、シンクや引き出し、小型冷蔵庫を並べてその上に天板を渡した、簡単なシステムキッチンがあります。システムキッチンを構成する小型冷蔵庫やドラム式洗濯機の高さは82〜87㎝が標準的で、わが家のキッチンもその高さ。食器棚にした本棚の高さも85㎝なので、同じ高さのシステムキッチンと食器棚を向かい合わせに設置したことで、整然とした見た目になりました。カタログに出てくるようなピシーッと整ったキッチンではありませんが、私には使いやすくて十分満足しています。

既に何かが備わった住まいというのは便利ですが、そこには自分の価値感は反

キッチン入り口から見ると、食器棚とシステムキッチンが線対称に位置しています。

映されていません。ゼロから空間を作り上げていくには、自分が大切にしたいこと、理想の暮らし方を改めて考えることにつながります。それは自分の価値感と向き合い、自分を知ること。そうした経験を重ねるうちに、暮らしが少しずつ充実し、心もラクになっていると感じます。私はいまなお、ベルリンでその訓練中といえそうです。

## 「住」が大切なドイツ人

衣食住のうち、何が重要かは人それぞれで違うもの。でも国による大まかな傾向はあると思います。日本ではおそらく「衣」と「食」が大切ではないでしょうか。日本に一時帰国すると、街を歩く女性の身だしなみがとてもきちんとしていて、流行を意識しているのが伝わってきます。ベルリンですっかり人の目を気にしなくなった私は、Tシャツにジーンズのような格好に慣れきってしまい、友人同士の集まりで自分だけラフな姿だったこともありました。日本のSNSを見れば食べ物の写真があふれていて、食への情熱を感じます。

ドイツでは圧倒的に「住」を大切にしています。長く厳しい冬が続くことから家にいる時間が長くなり、結果として住まいを重視せざるを得なくなったのかもしれません。ですから住まいには手をかけています。DIYが好きなのも、家への思い入れが強いことの表れといえるでしょう。それに、ベルリンではきちんと手入れをされたアルトバウのほうが新築物件よりも価値があると書いたように、家が古くなったからといって価値が下がるわけではありません。ですから、家にも投資できるのです。

それに、住まいは家族の象徴。心の拠りどころとなる場所です。帰りたくなる心地よい家になるよう、誰もが工夫をこらしています。

ずいぶん前にドイツで流れていたイケアのコマーシャルで、"Wohnst du noch oder lebst du schon?"というキャッチコピーがありました。直訳すれば「まだ住んでるの？　それとももう暮らしてる？」となります。wohnen（ヴォーネン）は単純に「住む」「住んでいる」という意味で、leben（レーベン）になると「暮らしている」というニュアンスが入ります。ただ単にベッドを置き、裸電球をつけただけの殺伐とした部屋でも人は生きていけます。でも、自分好みに設えて居心地よくすることで、住まいは寝るだけの「住む」場所から「暮らす」場所へと大きく変わるのです。そのことをまざまざと経験した出来事がありました。

ベルリンに住み始めた当初、ドイツ人たちと数名で一つのアパートをシェアしていましたが、ある事情から私がそこを出て、私の後にはドイツ人女性が入ることになりました。数ヵ月後そのアパートを訪ねて、以前の私の部屋のドアを開けたときのことです。夕暮れどきの少し暗い部屋にはキャンドルに火が灯り、クッションが並び、いかにも心地よさそうです。その様子は、私が住んでいた部屋と同じ場所とはとても思えませんでした。

「暮らすとはこういうことなんだ」

と、激しい衝撃を受けたことを覚えています。

## ドイツ版ヒュッゲ、「ゲミュートリヒ」

ドイツ語に「ゲミュートリヒ」という言葉があります。これは「居心地のよい」「くつろいだ」といった意味で、会話中に非常によく登場します。デンマーク語の「ヒュッゲ」は日本でも既に有名だと思いますが、「ゲミュートリヒ」はそのドイツ語版に近いといっていいかもしれません。「ゲミュートリヒな家」のように使いますが、「単なる〝心地いい〟とはちょっと違う、もっと独特のニュアンスを持った言葉なんですよ」とドイツ人は言います。たとえば暖かい部屋でキャンドルの炎がゆらめいていたり、1日の終りにソファでワインを飲みながら語らったり、そんな状態を表す言葉が「ゲミュートリヒ」です。家族や親しい人と一緒にくつろいでいるイメージですね。部屋が暖かいというのもポイントです。私が衝撃を受けた、私の後にシェアアパートに入居した女性の部屋は、いまにして思えば「ゲミュートリヒ」そのものでした。

家の中でゲミュートリヒな場所としてドイツ人がよく挙げるのが、キッチンとリビングです。ベルリンの住まいでは、キッチンの片隅に小さなテーブルと椅子を置いて、そこで朝食やふだんの夕食をとります。家によっては、そのほかにダイナー用の大きなダイニングテーブルもありますが、日常の食事はとても簡素なので、キッチンの小さなテーブルで済ませるのはごく普通のことです。

これまで多くの家庭で耳にしたのが「キッチンはうちでいちばんゲミュートリヒな場所なんです」という言葉。食事を作り、食卓を囲む場所は、生活の基本となるところ。火を使うので当然暖かいですし、お腹が満たされれば人は満ち足りた気分になるものです。暖かくてお腹がいっぱいとなれば、食後の語らいも続く

ハムや野菜などの食材と簡単な料理だけの
気取らないホームパーティ。

でしょう。

　ベルリンのアルトバウが建てられた100〜150年前は、家族がいつもキッチンに集まっていたといいます。当時もリビングルームは存在していましたが、あくまでも来客を迎えるための部屋で、一般宅ではふだんは使われていませんでした。部屋を暖めるにはタイル製ストーブに石炭をくべなくてはいけませんでしたし、実際に暖まるまでには時間がかかります。そんな手間と時間とお金がかかる贅沢なことは、日常生活では行わなかったのですね。

　一方、当時のキッチンには現代のようなガスや電気のコンロはなく、窯で調理をしていました。そこで煮炊きをすれば、室内に暖かさは残ります。セントラルヒーティングなどなかった時代に、暖かくて食べ物のあるキッチンに家族が集っていたのもうなずけます。もしかしたらそんな風習もあって、キッチンはいまもゲミュートリヒな場所なのかもしれません。

そういえば、ホームパーティでも似たような経験があります。私は以前ドイツ人とアパートの住まいをシェアしていて、ときどきみんなで一緒にホームパーティを開いていました。ベルリンでは友人同士がお互いの家でお茶をしたり、パーティを開くのはよくあること。特に学生や若いカップルなど、子どもがいない者同士は、気軽に集まっては一緒に料理を作ったりして楽しみます。テーブルデコレーションや食器に凝るような改まったものではなく、みんなで集まって語らうのが目的。料理は大きな鍋やボウルにどっさり仕込んで、ダイニングテーブルに置いておき、めいめいが好きなように取って食べるカジュアルな形式です。

ゲストたちと語らう場所はリビングなのですが、気がつくといつの間にかキッチンに人がたむろしているのです。誰かひとりがキッチンに行くと、ひとり、またひとりと増えていき、気がつけばソファもない小さなキッチンで、グラスを手に大勢が立ち話。私はこの現象を勝手に「ホームパーティの法則」と呼んでいましたが、やはり食べ物があるキッチンは人にとって心地いい場所なのでしょう。

リビングはまた別で、夕食後にソファに寝そべりながらテレビを見たり、今日あった出来事を家族で話し合ったりするところ。よくリビングの一角にお酒やグラスをしまったバーコーナーを設けている家があります。1日の終わりにグラスを傾けながらおしゃべりをするのは、ドイツ人にとってやはり「ゲミュートリヒ」な時間なのです。

## 家での時間の質を向上させるゲミュートリヒな設えとは

洋風な生活様式が定着する前の日本の家というのは、ひとつの部屋をそのときどきによって使い分けることができたと思います。たとえば食事の際はちゃぶ台を出して、夜になればそれを片づけて布団を敷く。ダイニング、リビング、寝室の役割を同じ部屋が果たすこともできました。いまでもワンルームの住まいならひとつの部屋で食べる、寝る、とすべての行為を行いますよね。

でもカップルや家族で住んでいるなら、ダイニング、リビング、寝室それに子ども部屋などに分かれていると思います。これはよく考えてみると、部屋ごとに目的があるということ。当たり前ですが、ダイニングは食べるところですし、寝室は寝るためにあります。部屋ごとの目的に合わせて室内を設えると、家にいる時間がよりゲミュートリヒになります。それは、時間の質が向上することを意味すると思います。

誰もが一定時間を家で過ごすものです。もしその質が向上すれば、暮らしの充実度が違ってきます。それは最終的に、自分にとってよりよい人生につながるといってもいいのではないでしょうか。決して人と比べるのではなく、自分自身が満たされていると感じるために、住まいで過ごす時間の質を上げるのはとても大切だと私は思います。

いったいどうすれば家で過ごす時間の質を上げられるのでしょうか。ベルリンの住宅を通して見えてきたポイントが、先に述べた部屋ごとの目的です。

たとえば寝室は1日の疲れを取ってゆっくり休み、明日への活力を生み出すところ。それなのに、もし蛍光灯の白い光で上から煌々と照らされたら、疲れが癒されるどころか、目が冴えて、なかなか寝られなくなってしまいます。白い光は、真昼間の太陽光の色。つまり、高い場所から蛍光灯で部屋全体を照らすのは、真昼の屋外にいるようなもの。集中力が必要な仕事部屋にはふさわしいですが、疲れ

光の向きが変えられるスタンドライトは、あると重宝。

を取る寝室には向きません。

では寝室にはどんな照明が向いているでしょうか？　まずは黄色やオレンジがかった温かみのある色の、ワット数の低い電球を選ぶこと。そして、できるだけ低い位置に照明を取り付けることです。夕暮れどきの太陽を思い出してみてください。昼間は白く光っていた太陽も、赤くなって沈んでいきますよね。そういう状況を部屋で再現すればいいと考えると、わかりやすいと思います。もし寝る前に本を読むのに部屋が暗すぎるのなら、枕元に読書用のライトを置けばよく、部屋全体を明るく照らす必要はないのです。

これはくつろぐ場所であるリビングでもいえること。ドイツ人のお宅にお邪魔すると、真っ暗になるまで照明を点けなかったりします。その照明も仄暗い間接照明が中心で、おそらく日本人の目にはドイツの夜のリビングは暗すぎると映ることでしょう。私も当初はそう感じていました。ですが、テレビを見たり読書をするのでもない限り、やや暗めぐらいのほうが落ち着くようになりました。暗めのほうが人の顔もなんだかきれいに見えますし、くつろいだ雰囲気が生まれます。複数の間接照明を部屋の数ヵ所に置いたり、キャンドルの炎が揺らめいていれば、なおさらゲミュートリヒです。

逆に、集中力を高めたいときはどうすればいいかというと、リラックスする場所と反対にすればいいのです。白い光で必要な場所を照らし、不要なものは周囲に置かないようにする。照明の選び方・使い方だけでも、家での時間の質を上げることができます。これなら日本の住まいにも気軽に取り入れられるのではないでしょうか。

「でもワンルームはどうなるの?」と思われるかもしれません。じつは全然問題ありません。私もいまのアパートに住む前は、ひと部屋にバスルーム(とはいえバスタブはなく、シャワーと洗面台だけでした)と小さなキッチンの付いた、いわゆる1Kの間取りのアパートに住んでいました。たとえワンルームでも、ベッドやテーブルは置かれていることでしょう。その家具がある場所を、ひとつの部屋だと思って設えればいいのです。テーブルを食卓と仕事用の両方に使っているのなら、アーム式デスクライトでアームとライト部分の角度が変えられるタイプが便利。仕事のときはライト部分をテーブルに向けて手元を照らし、食事のときはライト部分の角度を変えて、壁に光を当てると、たちまち雰囲気のある間接照明に早変わり。照明器具のデザインもビジネスライクなものではなく、どちらにも違和感がないようなものを選べば万全です。ベッドの脇には読書用の小さな照明があると便利ですね。そして、家に帰ってほっとできるように、部屋全体の照明は蛍光灯ではなく、温かみのある色の照明で心持ち暗めにするといいと思います。

つまり、ワンルームでも、そうでなくても、部屋全体はやや暗めに、必要な場所に目的にふさわしい照明をポンポンと置く。それだけで家がとても「ゲミュートリヒ」な空間に変わるはずです。

ところで、ワンルームの家に住んでいて人を招くときに気になるのがベッドの存在ではないでしょうか。ベッドがあると、なんだか生々しい生活感が漂ってしまいます。

私が1Kの家に住んでいた頃に室内に置いていたのは、ベッド、コーヒーテーブル、デスクにクローゼット。部屋が小さく、買う余裕もなかったので、ゲストに勧めるソファはありませんでした。人が来るときはどうしていたかというと、ベッドをソファ代わりに使っていたのです。

ですが、ベッドをそのままの状態にしていたのではありません。まず、ベッドをすっぽり覆える大きさのマルチカバーをかぶせます。そして、枕の代わりに大小のクッションを4～5個ほど並べるのです。クッションカバーのデザインは、全部同じである必要はありません。色やデザインの大まかな傾向さえそろえれば、むしろ異なるデザインのほうがいいくらい。柄でうるさくなりすぎるのなら、1～2個だけ無地にすると締まります。サイズが合うようなら枕にもクッションカバーをつけて、ほかのクッションと混ぜてもかまいません。たったそれだけのことで、生活感が薄まります。試してみてください。

## ゲミュートリヒな空間に欠かせないアイテム

夕暮れどきには、キャンドルホルダーに入れたティーライトを灯して。

空間づくりに最も大切なのは照明だと私は考えていますが、雑貨でも「ゲミュートリヒ」を簡単に演出できます。

キャンドルはその代表例。オレンジ色の炎の揺らめきは、心を落ち着かせてくれます。キャンドルスタンドにはいろいろなタイプがありますが、私が愛用しているのは、ティーライト（小さなカップ入りのキャンドル）を入れて使う、コップのような形のキャンドルホルダー。ホルダーの中のティーライトの炎は、生き物のようにゆらゆらと動きます。「焚き火には癒やし効果がある」と言われますが、それは炎の揺らめきに、人の心を落ち着かせる「1／fゆらぎ」があるからなのだそうです。キャンドルの炎にも同じことがいえるのです。

それに、キャンドルホルダーなら炎が外に露出しないので、普通のキャンドルスタンドに比べて取り扱いに神経質にならずに済みます。色違いやデザイン違いで3個ぐらい並べると、存在感が出てより素敵になります。

もうひとつの雑貨は、ひざ掛け。肌に触れたときのふわっとした感触は、それだけでもう「ゲミュートリヒ」。ちょっと冷えるときに足元にかけたり、体を包み込んだり。ソファでうたた寝をしている家族にかけることもあるでしょう。ドイツのお宅では、ほぼ例外なくソファにひざ掛けが置かれています。

以前ベルリンのレストランで、気づいたことがあります。とってもおしゃれな内装で、ちょっと高級感の漂う店でした。私はそこで人と食事をしながら、そのとき書いていた原稿の参考にするための話を聞いていたのです。決して混雑していたわけではないのに、どうもざわざわとしていて話が聞きづらく、集中できません。聞き取ろうと必死になって、とても疲れてしまいました。後になってから気づいたのは、そのお店の内装にメタル素材が多用されていて、布製のものがほとんどなかったということ。布は音を吸収します。ほんの少しでも布製の柔らかいものが部屋にあると、防寒はもちろん、ムダな音を吸収して会話をしやすくし、見た目にも温かな印象にさせるのだなと感じた出来事でした。

## ちょっと上級編、カラーペイントと壁紙

部屋の雰囲気を劇的に変える方法があります。それは壁のカラーペイントと壁紙。部屋のどこか一面でいいので、好きな色や部屋の用途にあった色でペイントするか、壁紙を貼るのです。これはもう本当に、部屋の印象を一変させます。

最初に自分でペイントを試したのは、1Kのアパートに住んでいるときでした。ちょうどDIYについての本を作っていたこともあり、「自分でもこの機会にペイントにトライしてみよう」と思い立ったのです。

ドイツは先に述べたとおりDIY天国ですから、ペンキのカラーバリエーションもそれはそれは豊富です。有名メーカーの製品もありますが、ドイツ人たちがおもに使っているのは、ホームセンター独自の色見本に従って調合してもらう、オリジナルカラーペンキ。カラーチップで好みの色を指定すれば、店員さんがペンキ数色をレシピ通りに機械に入れ、激しく振動させて、きれいにミックスされたものを渡してくれます。

私が選んだのはブルーグレー。それをデスクとベッドが並んでいる壁だけに塗

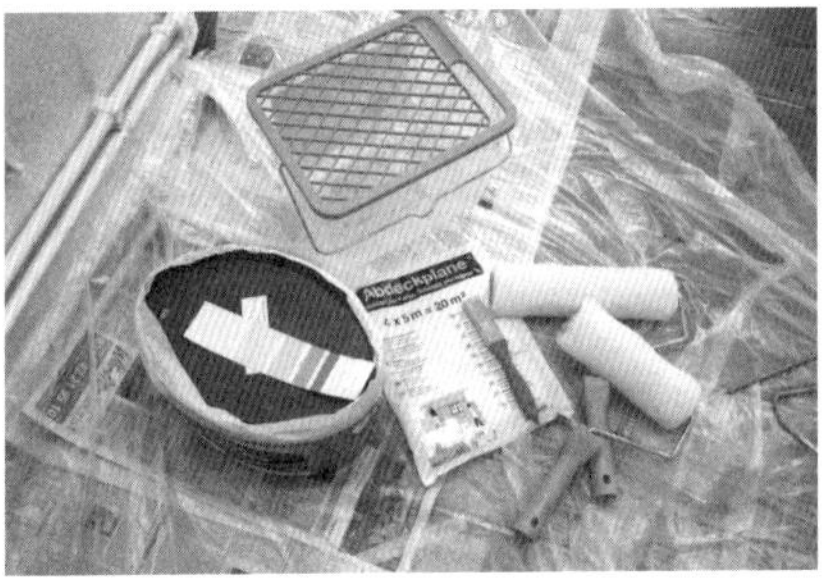

上：ペンキ塗りに欠かせない道具一式。ホームセンターで買えます。下：自分で壁紙貼りにトライ。大変でしたが、満足しています。

ることにしました。なぜその色にしたかというと、もともと好きな色だということと、心が静まるだろうと思ったからです。

初めてのペイントで勝手がわからなかったので、友人に教えを請いながらの手探り作業。ところがそれが、案外うまくいったのです。最初に床が汚れないようにビニールシートで覆って、コンセント部分などペンキを塗らない場所をマスキングテープでガードし、細かい部分を細い筆で塗った後はペンキを付けた大きなローラーで思いっきり壁をザーッと塗る。なるべくムラにならないように塗って、乾いたら2度塗り。もちろんプロの仕上がりとはまったく違うでしょうが、素人目にはなかなかの出来です。ここは私の家。私が満足なのだからそれでいいのです。

たった一面でも白からブルーグレーになっただけで、なんだか部屋がぐっとセンスアップしたような気がしました。予想外だったのは、それまでの家具がグレードアップして見えたことです。家具のダークブラウンと壁のブルーグレーがうまく調和したのでしょう。壁をペイントしてからは、自分の家がいっそう好きになりました。

壁紙を貼るのは、ペイントよりも難易度が高いですが、そのぶん変化も大きいと思います。

ドイツに私が大ファンのシルクスクリーン作家さんがいるのですが、いつか彼女の壁紙をインテリアに取り入れたいと願っていました。それが叶ったのは、現在のアパートに引っ越してからです。新居では小さな寝室を持てたので、どう設えようかと考えていました。ベッドを置いただけの真っ白い部屋は、なんだか病院のよう。ちょっと冷たい感じがしました。寝室だから心休まる空間にしたい。冷たい印象でなく、静けさの中にも温かみを感じるような……。

考えた末に出した結論が、淡いグレーのアリウムが描かれた壁紙でした。アリウムの花は、見ようによっては私の好きな雪の結晶のようでもあります。グレーの柔らかい色は心を穏やかにさせてくれ、絵柄による温かさもありました。「これなら寝室にぴったり」と、その壁紙を注文したのです。

壁紙を貼るときの注意点は、貼るときにシワが出ないようにすることと、隣同士の柄を合わせること。ドイツの壁紙は通常53㎝幅で、デザインによっては、柄が一定間隔で繰り返されている場合があります。壁紙の左右の柄のつなぎ目がきちんと合うように調節して貼るのですが、なかなかこれが大変な作業です。幸い私が選んだデザインは左右の柄を合わせる必要はありませんでしたが、それでも貼りたての状態ではシワが寄ってしまって苦労しました。

しかし、これも終わってみれば、悪くない仕上がりです。専用のりを壁に塗り、壁紙を貼ったときはシワが寄って気泡ができてしまいましたが、乾いたらきれいになりました。何よりも、自分でやったという満足感で、ますます自宅が好きになったのです。職人に依頼するお金もかからず、自己満足して、家にも愛着が増す。ほら、一石二鳥にも三鳥にもなると思いませんか。

ペイントも壁紙も、作業の前後に写真を撮ってビフォー・アフターで比べてみれば、雰囲気が一変するのがわかると思います。日本ならはがせる壁紙も売られていますから、賃貸住宅でも一度トライしてみてください。きっとこれまでとは違う気持ちになると思います。お気に入りの空間で過ごす時間に、しあわせを感じるのではないでしょうか。

照明も、壁紙やカラーペイントも「インテリア」の分野に入ります。インテリアと聞くと、何かを飾ったり、部屋をおしゃれにコーディネートするものだというイメージがあるかもしれません。確かにそれもインテリアの一部分ではあります。

でも、私がベルリンのお宅取材を重ねてきて確信したのは、インテリアとは毎日の暮らしと人生を充実させるものだということです。自分や家族の価値観を反映させたインテリア、疲れを取って元気になれるゲミュートリヒなインテリアは、住む人に大きなパワーを与えます。インテリアは、よりよく生きたいと願うときの重要な要素なのです。

## 整理整頓・掃除力の英才教育？

自宅に人を招いたとき、ドイツでは家の中をひと通り案内する習慣があります。「ここはリビングで、こっちは仕事部屋、子ども部屋はここで……」と、扉を開けてすべての部屋を見せるのです。日本なら「お願い、ここは開けないで！」と必死で隠す「開かずの間」があったりするものですが、ドイツではそういうこともありません。

もちろん来客があるのは以前からわかっていることですから、多少はきれいにしておきます。ですが、完璧にピッカピカではなくても、わりと気にせずにすべ

スタンド型の掃除機。パーツを替えるとモップがけもできます。

ての部屋を見せる人が多いように思います。ふだんから比較的整っている家が多いので、いきなり訪ねても驚くほどカオスな状態であることは少ないです（でもたまにはあります。それでも人に見せるのは平気です）。

「ドイツ人はきれい好き」といわれています。当然ながら例外はありますが、傾向としては確かにそのとおりでしょう。もっと正確にいえば、「整理整頓上手で、きれい好きな人が多い」と思います。

なぜでしょう。これまで多くのお宅を訪問し、取材を続けてきました。その中で見えてきたのは、整理整頓と掃除を子どもの頃から習慣づけている、ということです。多くの親たちは「最初は子どもと一緒にやるんです。そのうち子どもが自分でやるようになります」と話すのです。

果たしてそんなに簡単にいくのだろうか、と正直なところ半信半疑でした。ところが知人宅にうかがったときに、4歳の子がスタンド式の掃除機をかけているのを見たのです。驚いた私は、いったい何歳からやっているのかと聞くと、3歳頃からという返事。ちゃんと教えれば、子どもは能力があるのだということを痛感した出来事でした。むしろ責任を与えることで、子どもはやる気になるのでしょう。もちろん、男の子も女の子も関係ありません。

整理整頓も同様です。遊び道具を箱の中にしまう。洗った食器をもとに戻す。親はその都度、子どもたちに注意していました。感情的に叱りつけるのではなく、言い聞かせるという表現がふさわしいと思います。その繰り返しで、おとなになる頃にはすっかり身につくのでしょう。それがまた次世代へとつながっていくのです。

子ども部屋の整理整頓は、おもちゃや本などをいくつかの箱に仕分けし、その箱を棚に入れるという方式をよく見かけました。これだと箱の中にポイポイと入れていけばいいので、子どもでもやりやすいといえます。

やがておとなになるに従って、扉の付いた収納スペースや引き出しに整理するようになります。すっきりとしたお宅は、扉の付いた「見せない収納」方式の場合が多いです。これなら中に収納するものの色や形がバラバラでも、扉を閉めてしまえば見えません。室内に多くの色や柄が目に入るとゴチャゴチャとした印象になりますし、なんとなく心も落ち着きません。きれいなもの、見せたいものはオープンな棚に並べる「見せる収納」でもいいでしょうが、そうでなければ扉付きの収納のほうがすっきりすると思います。

何かを飾るのも、バランスを考えて。日本に帰ると、衝動買いしたくなるような、かわいくて手頃な価格の雑貨がたくさん売られています。「つい」手が伸びてしまう気持ち、とてもよくわかります。幸か不幸か、ドイツではそうした気の利いたかわいいものがめったにないので、衝動買いの危険性が少ないのは助かります。

そのせいかはわかりませんが、雑貨を棚の上にちょこちょこと飾ってあるお宅は、どちらかというと少数派。飾ること自体が悪いわけではありませんが、たとえばお気に入りのものを10個飾ったとしたら、すべてが目立たなくなってしまいます。なぜ好きなものを飾るのかといえば、暮らしの中でそれを愛でたいからではないでしょうか。もしそうならば、本当に好きなものだけを3個ぐらいに絞ることが大切です。そして、その周りには何も飾らない。余白があることで、飾るものも生きてきます。アクセサリーを身につけるときの注意点と、ちょっと似ているでしょうか。なんでも飾り過ぎは、一つひとつの魅力を半減させてしまうと思います。

とはいえ、インテリアの好みは人それぞれ。個人の趣味に、いい・悪い、正しい・間違いはありません。自宅のインテリアは、そこに住む人が気に入っていればそれでいいもの。ですから、自分と家族が気に入っていれば、それがいちばんです。

## 良心が咎めない処分方法がある

ドイツの家は一戸建てでも集合住宅でも地下または屋根裏スペースが付いているのが普通です。年に1～2回しか出番がないものは、こうした場所にしまっています。

「ご自由にどうぞ」のメモとともにアパート前に置かれた箱。

しかし、いくら収納場所がたくさんあるからといって、その分だけ持ち物を増やしていっては収集がつかなくなってしまいます。どこに何があるのか把握できていない、つまり管理できていないものは、ないのと同じこと。使われる機会が永遠に来ないであろうものを保管しておくのは、場所のムダ遣い。自分には不用なものでも、誰かの役に立つことだってあります。

たとえ広い家に住んでいても、不用品のチェックと処分は多くのドイツ人が定期的に行っていること。部屋の隅や戸棚の一角に不用品ボックスを置いたりコーナーを作って、定期的に不用品をチェックし処分しています。処分の際は教会などのバザーに出したり、慈善事業の店に寄付するのが、よくある方法です。捨ててしまうには良心が咎めるようなものも、そうしたやり方なら気持ちよく送り出せるというもの。日本にも不用品を受け付けている団体があるので、検索して調べてみてはいかがでしょうか。

必要なものだけに絞れば、自ずと整理整頓も簡単になります。整理できれば掃除もラクに。つまり、まずは不用品の処分、そして整理整頓、最後に来るのが掃除という順番です。「断捨離」という言葉はすっかり定着しましたが、不用なものを送り出すと部屋だけでなく、心がすっきりといい状態になると感じています。

日本の友人は「整頓された部屋にいると、そこで飲むお茶1杯の味も違ってくる」と言っていました。そうなんです。家で過ごす時間の質が違ってくるのは、そういうことだと思うのです。

KOLUMNE

## 収納専用スペースがあれば部屋がすっきり

収納は日本で関心の高いテーマでしょう。本書に書いたように、まずは不用品の処分が第一歩。必要なものだけに絞ったらそれを収納するわけですが、すっきりとした部屋にするには、室内にいくつもの収納家具を並べるよりも、収納専用スペースを作るほうがいいと思います。

ベルリンの集合住宅ではパントリーや物置付きの物件をよく見かけます。収納専用スペースは、使用頻度が低かったり室内で見せたくないものの収納に最適。私のアパートにも寝室の奥に物置があり、とても重宝しています。

日本の押し入れも大きな収納力がありますが、重要なのは押し入れ用収納ケースなどを活用して、ものを取り出しやすくすること。そうでないと、入れっぱなしになってしまいます。部屋に置く収納家具は少なくし、家具の色や高さをそろえると部屋がすっきりと整います。

die Wohnung

自宅の物置には、スーツケースや季節の家電などを収納。

# Kapitel 4 食べること

das Essen

## 朝食は皇帝、昼食は王様、夕食は物乞いのように

これまでにも書いたように、私が初めてドイツと関わりを持ったのは、小学6年生のときです。当時通っていた現地校では、授業は午前中で終わり。お昼になると、食堂で友人たちと一緒に昼食を食べて帰宅するというのが1日の流れでした。昼食は食券制で、メニューは確か毎日1種類だったと思います。日本の小学校のように教室で生徒が配膳をするのではなく、一般のセルフサービスの食堂のように生徒がトレイを持ってカウンターを進んでいくと、食堂で働く人たちが料理を盛り付けた皿をトレイの上に載せてくれる方式でした。「付け合せの野菜抜きで！」と頼んでいた生徒が多かったことを覚えています。

昼食のメニューは、茹でソーセージが入ったエンドウ豆のスープ（苦手でした）や、野菜と挽肉を牛肉で巻いたものとマッシュポテトの付け合せ（好物でした）など、いつも温かい料理でした。ですから私は、ドイツでは夕食も温かい料理を食べているものだと思っていました。現地のクラスメイトたちと一緒に過ごすことで、ドイツの食生活も理解した気になっていたのです。

でも帰宅すれば、そこにいるのは日本人の両親と妹。住まいという入れ物はドイツでも、暮らしているのは日本人。私たち家族は、日本にいたときと同じようなライフスタイルで暮らしていました。食生活も然り。朝と夜はご飯にお味噌汁、おかず。ドイツにいながらも、至って和風の食生活を送っていました。

いつのことだったでしょう、ドイツ人の一般的な夕食がパンにチーズやサラミを載せただけの、火を使わないものだと知ったのは。私の母は三度々温かい食事を作っており、私にとってもそれが当たり前だったので、ドイツのあまりに簡単な夕食を知ったときは、正直「あり得ない」と思いました。

ドイツでは「朝食は皇帝のように、昼食は王様のように、夕食は物乞いのように食べる」ということわざがあります。朝食は豪華にいろいろと、昼食もやや豪華に、夕食は質素に少しだけ食べる、ということです。

ドイツの伝統的な食生活は、昼に温かいものを食べることが習慣でした。現在ではライフスタイルも変化しているのでその限りではありませんが、それでも私がこれまで聞いたところでは、少なくとも約半数の家庭では、パンに何かを載せただけの夕食をとっています。こうした食事のことを、ドイツ語でカルテスエッ

ハムやチーズ、パンがセットのカフェの朝食。
夕食もほぼ同じです。

センと言います。直訳すれば「冷たい食事」ですが、もちろん冷えた食事ではなく、火を使って調理しない食事を指します。ドイツパンにバターやペーストを塗り、チーズやハム、サラミ、スライスしたソーセージなどを載せたオープンサンドといえば、わかりやすいでしょうか。

カルテスエッセンの存在を知ってしばらく経ってからも、「あり得ない、そんな夕食では食べた気がしない」と思っていました。ところが、ある日のこと。私の中にはカルテスエッセンに対して「そんなものは夕食とはいえない」という思いが多分にあったのでしょう、ドイツ人との会話で「日本では夕食は必ず温かい料理で、しかも品数をたくさん作るのが普通なんですよ」と話したのです。日本人はグルメなんだよ（ドイツ人とは違うんだよ）、と無意識のうちに自慢したかったのかもしれません。しかし返ってきたのは、意外な答えでした。

「そんなにたくさん食べたら、胃がもたれて寝られないでしょう？」

これまで想像したこともありませんでした。でも言われてみれば、確かにそういう記憶もあります。

そもそも私は、料理をするのが特別に好きなわけではありません。面倒だなともしばしば思いますし、買って済ませる日もあります。それなのに、これまでの習慣から「夕食は温かいもの」と思い込んで、それに疑いをもたなかったのです。

## ドイツの食生活を知ることで、思い込みから解放された

そんな折日本では、丁寧な暮らしに憧れるそれまでの風潮から、家事をもっと簡略化してもいいのではないか、という方向に時代がシフトしているように見えました。女性が働くことが当たり前となった社会でも、未だに家事や育児など家のことは女性がやるものと思っている人は男女ともにいます。

もちろん、それぞれの家庭によってベストなやり方を見つければよく、何が正解ということはありません。しかし実際のところ、働きながら女性が家事と育児のすべてをひとりで担うのは無理があります。「家事は簡単でいい」、「ズボラ家事」といった言葉を、日本の媒体でよく見かけるようになりました。

私は勤務時間に左右されないフリーランスですし、ベルリンではひとり暮らしをしていますから、自分のことだけ考えればいい生活です。それでもときどき、毎食事の支度が面倒だと感じます。気楽な状況の私ですらそう思うのですから、

日会社などで働いて、家族の食事を作り、かつ育児もする人はいったいどれほど大変でしょうか。

ドイツ人は日本人に比べて、掃除は重視していますが、料理にはそこまで手間をかけていません。それを物語っているのが、夕食のカルテスエッセンです。なんせ調理はせず、パンやバター、チーズなどの食材を並べるだけでいいのです。ですから準備も後片づけも簡単。子どもにも手伝える内容です。

ただし、これをそのまま日本でも真似すればいいとは、まったく思いません。ドイツに比べればハムやチーズは日本では高価ですし、日本には日本のおいしくて安い食材があります。火を使わない夕食にも抵抗があるでしょう。ですが私は、ドイツのシンプルな食生活を知ったことがきっかけで、料理にそこまで手間暇かけなくてもいいのではないか、と考えるようになりました。

私はこれまでの食習慣から、いまでも夕食にはやはり温かいものがほしいと感じます。でも、毎晩毎晩ご飯に汁物、メインのおかずに付け合せ、とフルで作ることはしなくなりました。いまでは日常の夕食は、具だくさんの汁物とご飯程度です。暑くて食欲がない日などは、ドイツ風のカルテスエッセンもいいかもしれないとも思います。

## ポイントは食材自体の味の濃さ

ドイツに来て意識しはじめたのが、食材自体の味です。私は、ふだんはスーパーマーケットや、街角で週に2日開かれる市場で食品を買っていますが、野菜も果物もお肉も、とっても味が濃いのです。ニンジンはニンジン特有の青臭い匂いがきちんとしますし、リンゴは甘さだけでなく酸味がある。旬のものには、ことさらそう感じます。お肉は味が濃いゆえに、少しの量で満足してしまうこともあるほどです。

店頭で旬の野菜や果物を見かけると、うれしくなって手が伸びます。春から初夏ならシュパーゲル（白アスパラガス）。夏が近づくと、真っ赤なイチゴやみずみずしい桃。それらがそろそろ終わろうかという頃には、プフィファリンゲ（アンズタケ）というキノコが登場します。

シュパーゲルは皮をむいて、塩・砂糖・バター・むいた皮を入れたお湯で茹でるだけ。茹でたシュパーゲルにバターと卵黄で作ったオランデーズソースを添え

5月になると必ず食べるシュパーゲル。
レストランでグリルした魚と。

る人もいますが、私はマヨネーズ（チューブから出すだけ）かダシ醤油（市販の品）をつけて食べています。シュパーゲルを茹でたお湯は、皮を除いて塩コショウで味を整えてスープにすれば、もう一品ができあがり。イチゴや桃は、そのまま食べるのが最上の食べ方だと思います。

プフィファリンゲは、表面の汚れを布巾などで除いて、みじん切りのタマネギとともに炒めます。仕上げに塩コショウをふり、生クリームを加えるのが私の定番。プフィファリンゲのほんのりした酸味とタマネギの甘味、生クリームのコクが絶妙に混じり合い、プリプリした食感もたまらない一皿に。パスタソースにもぴったりです。

どれも茹でただけ、炒めただけ。複雑な過

程は一切ありません。でもそれだけでとてもおいしいのです。凝ったソースや調理法は、ちゃんと味のある素材を逆に殺してしまいそう。少なくとも家庭でやる必要はないと思います。

そんなシンプル調理を続けていたら、いつしかストレスをほぼ感じなくなりました。食欲や時間があるときは、何品も作って食べることの喜びを味わいます。気力がないときは、簡単にできるスープや残り物で。それで十分です。

これまで私は、自分ひとりのために調理に時間と労力を費やしすぎてきたのではないかと思います。1日24時間しかない中で、何にどれだけ時間をかけるかは、自分の中の優先順位次第。そこさえ決めてしまえば、自分の行為に納得できます。その結果、かなりのストレスを減らせます。

## パン・ソーセージ大国ドイツ。カルテスエッセンで、おしゃれなおもてなし

じつは、ドイツはパンの種類が世界一多いと言われている、パンの国。大小さまざまなパンを合わせると、その種類は2000～3000にも上るとされてい

ます。ドイツパンは、日本のような真っ白でふわふわした食パンとはまったくの別物。小麦だけを使った白パンもドイツにはありますが、生地は目が詰んで、しっかりとした食感です。パンの種類には地域差がありますが、ベルリンの主流は小麦とライ麦がミックスされたパン。大きなものになると、1kgの塊で売っています。パン屋さんでは塊を切ってもらって半分だけ買うこともできますし、スーパーには250gや500g入りのスライス済みのパンが売られています。ライ麦100%のパンもあります。いずれも噛むと穀物の味がして、ドイツパンのおいしさをしみじみ感じます。

パンの表面にヒマワリやカボチャの種子がまぶされていたり、ナッツやドライフルーツが生地に入っているタイプも人気です。。ドイツパンは、菓子パンなどを除き、バターやペースト、チーズやサラミなどとともに食べることが前提の食事パンなのです。

ドイツ人は、食べごたえのあるドイツパンが大好きです。日本を旅行したドイツ人がよくこぼすのが、「日本のパンは、柔らかすぎてお菓子みたい。ドイツパンが恋しい」ということ。日本人が食事どきにお米がないと寂しいように、ドイツ人もドイツパンがないと落ち着かないのです。

上：ドイツパンは薄くスライスして、いろいろ塗って、載せて食べます。下：オーガニックのパン屋さん。味わい深い全粒粉パンが買えます。

ドイツといえば、ソーセージを思い浮かべる方も多いでしょうね。ソーセージ・ハム・サラミなどの食肉加工品もとにかく豊富で、スーパーに行くと壁一面をずらりとソーセージ・ハム類が占めていたりします。日本の感覚だと、ソーセージは焼いたり茹でたりするものですが、ドイツにはハムのように薄くスライスされたタイプや、パンに塗って食べるペースト状のソーセージもあります。このように多様なパンと食肉加工品、それに同じくバラエティ豊かな乳製品を組み合わせることで、味は限りなく広がります。

カルテスエッセンは、こうした食材を並べるだけ。こう書くと手抜きのように聞こえますが、立派なごちそうにだってなるのです。

以前、知人宅の夕食に招いていただいたときのことです。楽しみに伺うと、何種類ものハム、チーズ、ペースト類、スライスされたキュウリやパプリカが食卓を埋め尽くしていました。招待された夕食でカルテスエッセンが出てきたのは初めてだったので最初は驚きましたが、めいめいが好きなものを皿に取り、パンとともに食べている様子を見ると、大人数の集まりでは合理的だと考えが変わりました。食材は何種類も用意しますが、調理する必要はないですし、ベジタリアンやビーガンの人にも対応できて、見た目も豪華。ゲストも自分のペースで食べられます。

盛り付け次第で、おしゃれな雰囲気にもなります。別の知人は、彼女の家の修理に来ていた職人さんに、昼食を用意していました。木製のカットボードに、パッケージから取り出したハムやチーズを、ふわりとハンカチを落としたような形に盛り付けています。スライスしたキュウリやトマト、パンも添えて、仕上げにミルで挽いたブラックペッパーをパラパラとかけてできあがり。簡単なのに、なんだかとってもおしゃれで素敵です。日本のホームパーティでも、十分に取り入れられると思いました。

## 家族団らんは食後のゲーム

「夕食は家族団らんの時間なのに、そんなにサッサと済ませてしまったら、ゆっくり語り合うこともできないのではないか」と思われそうですね。でも、家族団らんの時間は別にあるのです。

ドイツ人はボードゲーム好き。ドイツ人家庭にお邪魔すると、リビングの棚の中にボードゲームの箱がぎっしりと積まれている様子をよく目にします。夕食は簡単ですが、その後食卓にボードを広げて家族でゲームに興じます。

10日間ほど滞在した、フランクフルト郊外のお宅もそうでした。19時頃になると子どもたちが冷蔵庫からチーズやスライスソーセージの入った箱を取り出し、パンとともに食卓へ運びます。それぞれが好きなものをパンに載せて食べ、30分もかからないうちに夕食は終了。使ったナイフや皿をキッチンの食洗機に並べたら、みんなでゲームの時間です。多くはボード上にコマを置いて、マス目の上の質問に答えたりするもの。子ども対象のゲームとはいえ、知識や思考力が求められます。考える過程で両親が子どもたちにアドバイスをしたりして、学習と団らんの両方を兼ねた時間だと思いました。ちなみに私も毎晩のようにゲームに参加しましたが、子どもたちに見事に完敗してばかり。思考力もドイツ語力も、子どもに敵わないようです。

余談ですが、ドイツ人は物事を論理だてて考えるのが得意です。それは学校教育だけでなく、家庭でのゲームなどで日頃から思考力を高める訓練をしていることも大きいのではないかと思います。

ちなみに、ダイニングルームにテレビは置かれていないことが普通です。テレビはリビングのソファの向かいにあるもの。テレビを観ながら食事をしたりはしません。

## 平日と週末でメリハリのある食生活

日本に比べて料理の手間が圧倒的に少ないドイツですが、「料理をするのが好き」と話す人も決して少なくありません。でもよくよく話を聞いてみると、「温かい料理を作るのは週に2〜3日くらいかな?」ということで、平日に毎晩作っているわけではありません。ではいつ料理をするのかというと、週末です。ドイツでは日曜日はスーパーやお店が休みなので、土曜日にまとめ買いをして、温かい料理や凝ったレシピに挑戦しています。中には穀物の粉を挽くところから始めて、自家製パンを焼く人もいます。

これは日常生活の家事としての料理というよりは、趣味や楽しみと呼ぶほうがふさわしいでしょう。日本でも週末に作り置きすることが注目されていましたが、それはあくまでも平日の手間を減らすための実用的な家事。ドイツの料理好きはそうではなく、休日の楽しみ・気分転換として、料理することそのものを楽しんでいるように見えます。

平日と週末でメリハリのついた食事は、気分的にも時間的にもメリットがたくさんありそうです。平日はシンプルな食事と決めていれば、調理にかける時間が短くて済み、ストレスも減ります。休日はその分豪華にたくさん作って、調理という行為を楽しみ、食事を堪能します。平日の食生活がシンプルだと、週末のごちそうが一層ありがたく思えるのもメリットですね。

男性や子どもが料理に参加することは珍しくないので、週末は家族全員で調理して過ごすという家庭もあります。子どもたちは、自分で調理する習慣が身につくことでしょう。メリハリのある調理生活は、家族全員にとっていいこと尽くめのように思えます。

## 食材を入れただけ？ のお弁当

ドイツ人は学校も会社も朝早くからスタートさせ、その分早く帰宅したい人が多いです。大半のオフィスではフレックスタイム制を導入しており、日によって出社時間の調整が可能。朝8時からのミーティングなど、寝坊助の私には信じられないのですが、特に珍しくもないようです。工事や修理に従事する人はさらに早く、わが家の備品が壊れたときには「明朝7時に伺います」と職人さんから言われて、前の晩に目覚ましをかけ、緊張しながら床についたこともありましたっけ。

朝が早いせいか、生徒たちは学校で朝食をとることもあります。学校では午前中に短い食事休憩があり、その際に持参したランチボックスをカバンから取り出して、空腹を満たします。ですから、子どもたちが持参するお弁当は昼食用ではなく、お昼までお腹を持たせるためのものなのです。

フランクフルト郊外のお宅に滞在していたときに、子どもが通う小学校を見学させてもらいました。2時間分の授業が終わり食事休憩に入ると、子どもたちはさっそくランチボックスを机の上に出し、短い食事を始めます。中身が気になった私は、子どもたちに近づき覗いてみました。

目に入ったのは、パンにチーズなどをはさんだサンドイッチ。リンゴ丸ごと1個。バナナ1本。皮がむかれた状態のオレンジ。プチトマト。だいたいこんな感じだったでしょうか。サンドイッチは単に何かをはさんだだけのシンプルなものが主流でしたが、中にはホットサンドや具だくさんの凝ったサンドイッチを持参している子どもも少数ながらいました。もちろんキャラ弁などは、あるはずもありません。全体的に夕食と同様、非常にシンプルな内容で、何かの料理というよりも食品をそのまま持参したような印象です。でも食材自体がおいしいので、それでいいのだと思います。

## シロップ、ジャム、お菓子は常備食

日常の調理はいたってシンプルなドイツですが、パンやお菓子を焼いたり、ジャムやシロップを手作りする人は大勢います。以前ドイツ人女性のお宅に遊びに行って「ホルンダーシロップ（エルダーフラワーの花を煮て作る甘いシロップ）が好きで買っているんです」と話したところ、「えっ、買う？　それは作るものですよ」と驚かれ、帰り際にお手製のホルンダーシロップを1本いただいたことがあります。

また、ドイツのキッチンの本を書くために、数十軒のお宅にお邪魔して、キッチンの戸棚やら引き出しやらをチェックしていたときは、どのお宅にも必ず製菓道具があったことが強く印象に残りました。「調理よりお菓子作りが重要なんだな、ドイツは」と妙に感心したこと覚えています。

私にとっては、お菓子やジャムを手作りすることは、日頃の調理よりハードルが高い作業。温かい夕食は毎晩作っても、ケーキ作りなどには気が向きません。ドイツ人の手作り熱には感心するばかりですが、これは単純に習慣の違いなのでしょう。ドイツ人の主食はパンで、それにはジャムも必要です。お菓子も大好き。ドイツ人にとって日常食であるジャムを手作りするというのは、日本人が常備菜を作るようなもので、考えてみたら不思議ではないのかもしれません。

ジャムやお菓子作りは、ドイツ人が大好きな庭仕事とも関連しています。一戸建ての家にはたいがい庭が付いていますし、アパート住まいなら市民農園を借りたり、バルコニーで花や果物を育てているもの。ラズベリーやリンゴ、スモモあたりが、庭で栽培されている果物の定番でしょうか。旬になると、色づいた実がたわわに実ります。あまりにたくさんで、採っても採っても追いつきません。自分で毎日せっせと食べても、ご近所さんに配っても、いちどきに食べきるのはたぶん無理でしょう。

そこで、ジャムにしたりケーキに使うのです。ジャムはたくさん作ってガラス

上：クラインガルテンの洋ナシ。いずれおいしいケーキに……。下：クラインガルテンのリンゴで作ったケーキ（クーヘン）。

容器に密閉しておけば、長期保存が効きます。ドイツ人のキッチンのパントリーには、たいがい手作りのジャムの瓶が並んでいたりするものです。そういえば、日本でも販売されているWECKというガラス製密閉容器ブランドがありますが、あの製品はドイツ生まれ。ドイツの家庭でジャムをはじめとする保存食作りが盛んだったことを物語っています。

手作りケーキのおいしさは、友人宅で知りました。家庭で焼くケーキは、生地の上にスライスした果物を並べてオーブンに入れれば完成の、焼きっぱなしのケーキ。ドイツ語にはケーキを表す言葉として「クーヘン」と「トルテ」がありますが、前者は焼きっぱなしのケーキを意味します。生クリームやチョコレートできれいにデコレーションしたものが後者。バースデーケーキなど特別な場合を除いて、家庭で焼くのは「クーヘン」です。そのクーヘンの上に並んでいるのが、庭で採ったリンゴやスモモなどの果物。甘さはごくごく控えめで、口に広がるのは果物のほのかな酸味。そう、やはりここでも食材そのもののおいしさを感じます。

ドイツのおいしさの本質は、こうした素朴な味にあると思います。

自分が育てた果物でケーキを焼き、家族や友人たちとお茶のひとときを楽しむ。

なんと豊かな暮らしなのでしょう。作物を育てるところから、ケーキ作りの過程、ティータイムに至るまでのすべての作業が本人にとって楽しく、そうした日々の時間が暮らしを充実させていく。しかも、かかる金額はわずかです。

有名パティシエによる高価なケーキをいただくのとはまったく方向性の異なる豊かさが、ドイツの暮らしにはある。金銭とは関係のない、日々の豊かさ。私がベルリンで多くの人々と触れ合う中から学んだ価値観です。

## 美食よりも食の安全

ドイツ人が自分で野菜や果物を育てるのは、単純に楽しいからだけでなく、ほかにも意味がありそうです。

ドイツでは、オーガニック食品専門店や専門スーパーが人気です。厳しい基準を定めた大規模なオーガニック生産団体も存在しています。もともと環境問題には敏感な国民だと言われていますから、食に対しても安全性を重視する傾向はあります。美食よりも食の安全に関心が向くのが、ドイツの特徴でしょう。

自分で作物を育てれば、安心なこととこの上ない。そうした考えから、庭や市民

オーガニック農家やショップが掲載された無料の冊子。

農園で有機栽培をしている人は少なくありません。

「素材から、調理からすべて自分の手で作っているから、ヘンなものが入っていないことがわかって安心ですよ」というセリフをよく聞きます。

　オーガニックには安全性以外にも、多くの側面があります。まずは環境問題。ドイツにあるいくつかのオーガニック基準の中で、最もゆるいのがＥＵによる基準とされており、具体的には化学肥料不使用、１ヘクタールあたりの動物の飼育数の上限数を設定、遺伝子組み換え技術の禁止といった項目が並びます。ＥＵオーガニック認定のマークが付いていれば、この基準をパスした農作物や加工食品であることの証拠。

それ以外に各オーガニック団体内でのさらに厳しい独自基準もあります。環境を守りたい、動物たちをよい環境で育ててほしい、という願いからオーガニック食品を選ぶという意見もあります。

そして味。すべてのオーガニック食品に当てはまるわけではありませんが、どちらかといえば味が濃い、もしくは味が素直であるとは思います。私は食品の一部にオーガニックを選んでいますが、それはおいしいからです。

前にも述べましたが、食材そのものがおいしければ、人の手はそれほどかける必要はありません。食品をきちんと選べば、手間をかけずにおいしいものが食べられる。調理の負担が減ればストレスも減って、生活が快適に回りはじめます。

KOLUMNE

## 見栄えよくおしゃれ感のある<br>オーバルプレート

お皿といえば普通は丸いものですよね。でも私はオーバル型のお皿を愛用しています。友人を自宅に招くときには、この皿に料理を盛りつけてテーブルに並べ、小さめの丸い銘々皿に各自好きなだけ取ってもらう方式にしています。オーバル型は、ほどよくおしゃれ感があるのが魅力。料理をたっぷり盛りつけても、数種類のオードブルを１枚のお皿の上にちょこちょこと載せても見栄えがします。とても使い勝手がいいので、蚤の市などで見かけるたびに購入し、いまでは大小合わせて６枚ほどになりました。

本当はドイツのディナーでは、小さな銘々皿に取り分けることはしません。各自が大きな丸いディナー皿に盛られた料理をいただくのが普通です。でも私は日本家庭の夕食時のように銘々皿を使うことで、日本の雰囲気も楽しんでもらうようにしています。

das Essen

ドイツ製やフランス製など、蚤の市で買った皿。

# Kapitel 5　装うこと

die Kleidung

## ドイツへは日本より数段ドレスダウンして

衣食住の中で、ドイツで最も軽んじられているのが「衣」ではないかと思います。いいか悪いかはわかりませんが、ドイツに住むと服装やメイクに気を使わなくなる一方。私の住むベルリンは特にカジュアルで、女性はほぼノーメイクで、Tシャツ、ニット、スキニージーンズにスニーカーかブーツといったスタイルが定番。真夏以外はそこにストールもプラスされます。学生も働いている人もだいたい似たようなカジュアルスタイルで、オフィスでもその格好のまま働くことが普通です。

スーツ姿を見かけることも、稀にしかありません。スーツを着用して仕事をする人は、銀行員や弁護士など、男女ともに一部の職種に限られているからです。

性別問わずドイツで圧倒的に着用率が高いのは、なんと言ってもウィンドブレーカーでしょう。ドイツは夏でも朝晩は冷えますし、ドイツ人は小雨ならフードをかぶるだけで傘はさしません。ウィンドブレーカーは、そんなドイツの環境に合っているのでしょう。私はどうしても自分の好みと合わないので、持ってはいませんが……。

もちろん、カジュアル・フォーマルなどのスタイルと、おしゃれかそうでないかは別問題。カジュアルでおしゃれな人も、そうでない人もいます。正直なところ、ベルリンでハッと振り返るようなおしゃれな人は、全体の1割にも満たないぐらいでしょうか。大半は、特にこだわりがないカジュアルに見えます。ただし手足が長い分、ごくごく普通の服装でもサマになるのは事実です。

日本からドイツへ旅行に来るという人には、必ずドレスダウンして来るようにと伝えます。特に女性の場合、日本では一般的な、スカートに肌色ストッキング、パンプスといったスタイルはまず見かけません。日本と同じような服装だと目立ってしまうので、スリに狙われかねません。

## ファッションが表す合理性？

ドイツ人女性たちにいつ服を買うのか聞いたところ、会社帰りにお店をのぞいたり、通販を利用しているそうです。選ぶデザインも、ベーシックなものが中心です。

上：ドイツのファッションはカジュアルが基本。下：ストールは真夏以外に大活躍する必須アイテム。

どんな店で服を買うかは、年代や個性によっていろいろ。

日本では、各ブランドがターゲットとしている年齢層と自分の年齢が合っているかを気にする人も多いようですが、ドイツ人はあまり考えずに自分が気に入ったものを買っています。あくまでも自分の好みで選ぶということですね。

学生のうちは使えるお金が限られているので、ファストファッションブランドはよく利用されています。ドイツの大都市を歩くと、日本でもおなじみのH＆MやZARAのショップが何店舗も並んでいて、その人気ぶりがうかがえます。

ベルリンでは古着も人気。これはお金がないからという理由もありますが、敢えて古着でコーディネートしているというほうが正しいでしょう。古着のよさは、いまでは手に入らないデザインがあること。レトロなプリント柄や、ある年代特有のシルエットを持つ服を着たければ、古着を選ぶことになります。それをファストファッションブランドの服と上手に合わせている人を見かけると、あぁおしゃれだなと思います。ベルリンはドイツのほかの都市と比べて、チープシックなスタイルのおしゃれさんを見かけますが、それはやはりクリエイティブな分野に関わる人がこの街に多いからでしょう。

私自身は、ドイツではあまり服を買いません。正確に言うと、ドイツブランド

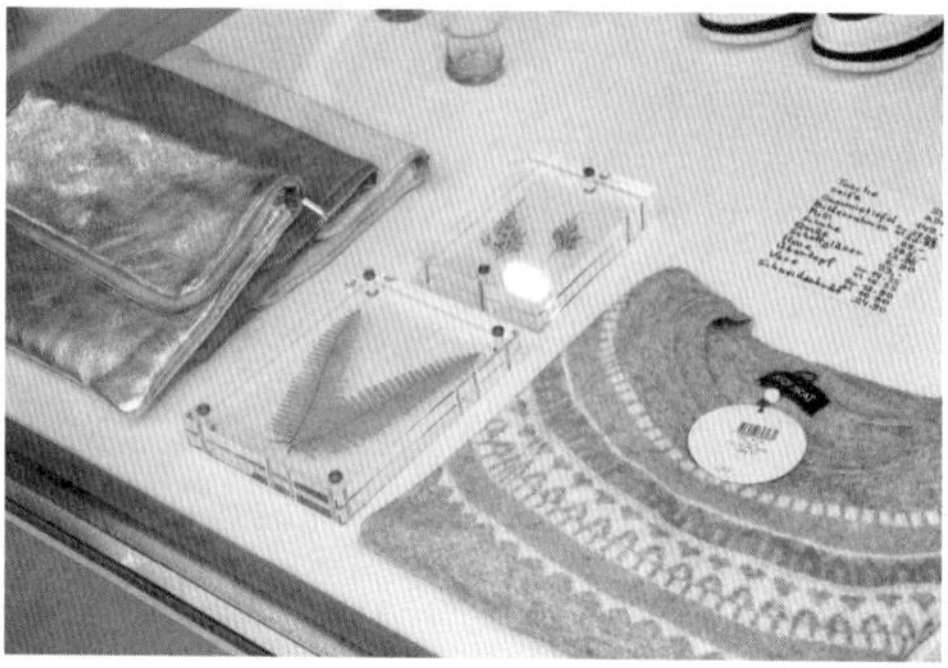

服と雑貨などのセレクトショップのラインナップはいいと思います。

の服を買いません。私が小柄なためサイズが合わないせいもありますが、それよりもデザインの問題によるところが大きいです。ショーウィンドウを眺めていて、いいなと思うものはたいがいフランスのブランド。ドイツの服は、感性にぴったり来るものがいまひとつありません。

ドイツのデザイナーによるブランドはいくつもありますが、どちらかというと、とんがったアーティスティックな印象のものが目立ちます。デザイナーの思想が反映された「作品」という雰囲気で、色も、黒やグレーなどの無彩色が中心です。

私は決してヒラヒラしたデザインが好きなわけではないのですが、シルエットや素材にはもう少し繊細さがほしいです。ドイツの服は機能性や思想など、感性よりも論理的に考えたことが重視されているように感じられて、どうも情緒に欠けます。ドイツ人は建築や車など重厚長大な分野のデザインは得意ですが、服飾品となると話は別。私は常々、合理的ということは情緒が少ないことではないかと思っているのですが、服を見ているとドイツ人の合理的な側面が見事に表れている気がしてなりません。

## 求められない女性らしさ、かわいらしさ

リボン、レース、フリルなどがディテールに使われることも少ないです。フェミニンなデザインは、ドイツでは人気がないのですね。私はこれは、男女間の不平等を感じているドイツ人女性が存在しているからではないかと想像しています。ドイツ社会でも性差別はあると話す女性は多く、実際にそうした例はよく耳にします。どこかで男性のように頑張らねばいけない、女性らしくあるのはマイナスである、という意識が働いていて、それが服装にも表れているのかもしれません。

リボンのようなモチーフは、日本ではおとなの女性が身につけても「かわいい」とされるのでしょうが、ドイツだと「子どもっぽい」ととらえられがちです。

日本語の「かわいい」はかなり広範囲に使え、「素敵、愛らしい、魅力的」という意味合いを包括する言葉なのでしょうが、ドイツではおとなに対しては使いません。

しかし、日本に旅行したドイツ人女性は「キャラクターグッズとかは子どもっぽくて嫌と思っていたけど、日本に行ったら好きになった」と話していましたから、日本における「かわいい」感覚はドイツ人の中で単に知られていないというだけで、実際にそうしたものに囲まれたら変わる可能性もあると思います。

## 買物は選挙だ

大都市にはファストファッションのショップが必ずある一方で、よいものを長く使うという意見も、根強くあります。「使い捨ては環境にもよくない。できるだけ長く使い続けたい」と考えるのです。そうした製品はデザインもオーソドックス。1年で古臭くなったりはしないので、何年も使い続けます。

ドイツ人のファッションはベーシックですから、毎年新しい服でないと恥ずかしいと感じることもありません。常に消費に追い立てられるのではなく、必要なものだけを選んで購入することは、自分の基準を持ったおとなの行動だとも思います。

ドイツ人は買物をする際に、企業姿勢を重視します。「私はその企業を支持しない」とは、ドイツ人の口からよく出る言葉。労働者を不当な環境で働かせているニュースが流れると、その企業の製品をボイコットすることも日常茶飯事です。私もそうした考えに影響を受け、いつしか「買物は選挙だ」と考えるようになりました。限られた予算ではあっても、できるだけ企業姿勢に賛同でき、なおかつ好みに合ったものを選ぶことで、自分も周りもハッピーになれるのではないかと思います。

## 基準があればファッションを楽しめる

日本の雑誌やインターネットには、毎シーズンの流行や新製品のニュースがいっぱい。ファッションに関する情報がとても多く、人々もファッションを重視していると思います。ですからドイツのように、いつもTシャツにデニムというわけにはいかないのはわかります。でもあまりにも情報がありすぎて、逆にストレスを感じるかもしれません。

そこでやはり、ファッションでも自分の基準が重要になります。「今年絶対にほしいもの」「いまの気分はこれ」などと紹介されるものは、他人から与えられた価値観。自分の基準を通してみて、それが気に入ればいいですが、そうでなければ身につけていても気持ちよくありません。流行りだからという理由だけで着ているのは、誰かの価値観に流されているということ。流行は速いサイクルで変わり続けますから、気にすると常に追われている気分になってもおかしくありません。そうなれば単なるストレスで、ファッションを楽しめなくなってしまいます。

ファッションにも自分の基準があるとラクですし、何より楽しい気分でいられます。なんとなく好きな色、嫌いな色、好きな形、嫌いな形を自分の中で一度問いかけてみてください。

雑誌やインターネットのファッション情報は、自分の基準作りのために見ると役立ちそうです。自分でわからなければ、アドバイザーの助けを借りるのもいいと思います。そうして自分の基本スタイルを決めます。

もし、毎朝コーディネートを考えるのが面倒ならば、あらかじめ手持ちの服のコーディネートをTPO別に数パターン決めてしまえば解決します。お気に入りのアイテムは色違いで何枚かそろえれば、組み合わせも倍増するというもの。そうやってパターン化することで、当日の朝に服装で時間を費やすことがなくなります。

## メイクはマナーではない

私の場合、日本でもカジュアルな服装が中心だったので、ベルリンに住んでからもそれほど大きな変化はありませんが、変わったのはメイクです。気がついたら、いつしか外出時にファンデーションを塗らなくなっていました。化粧水とクリームを塗ったら、ファンデーションの代わりにフェイスパウダーをはたいてベースはおしまい。あとはまつげをビューラーで上げて（この工程は私にとっては重要です）、ポイントメイクをちょっとするだけです。その顔で人に会ったり、買物にも出かけています。

これまで共同生活で同居したシェアメイトのドイツ人女性たちも、似たようなものでした。彼女たちは当時20代後半から30歳ぐらいでしたが、ふだんはほとんどすっぴんに近い状態。パーティなど特別なときには、アイラインにアイシャドウ、マスカラでメイクアップをしていました。常にフルメイクでいる人は少数派で、ドイツでは逆に違和感があります。

もしかしたら、日本では「そこそこの年齢の女性がきちんと化粧もしないなんて失礼だ」と思われるかもしれません。日本ではファッションやメイクに対して、マナーやみだしなみといった言葉が多用されています。高校までは校則でメイクを厳しく禁じておきながら、大学に入学したり就職すると急にメイクはマナーと方向転換するのは、ずいぶん勝手なものだと思います。そもそも素顔でいることは、人に迷惑をかけることなのでしょうか。

もちろんTPOをわきまえるのは基本です。ですが、身ぎれいにしていれば、あとは個人の問題。マナーといった言葉で、一つの基準に当てはめようとさせるのには抵抗を覚えます。

もっとも、そうした圧力は、ドイツでは通用しそうもありません。そんなことを言おうものなら大多数の人がマナー違反になってしまいますし、差別ととらえられてもおかしくありません。第一、誰も聞く耳を持たないことでしょう。

美容室の価格帯は幅広く、予算に応じて選べます。

メイクもおしゃれも、自分の気持ちを前向きにしたり、楽しむもの。人から指示されて行うものではないはずです。特別なときにメイクアップをすると、自然と笑顔にもなりますね。そんなふうに、自分で基準を決めればいいことだと思います。どこまでメイクを省略できるか、逆にどこまでメイクアップしたいか、一度鏡に向かって試してみるのもよさそうです。

## 髪でおしゃれを

ドイツの冬はとにかく寒く、ベルリンではマイナス10〜15℃ぐらいになる年もあるほど。外出時にはフードやニット帽をすっぽりとかぶることが多く、髪型など言っていられない状況です。でも夏になれば、ヘアアレンジを楽しんでいる女性をよく見かけます。ファッションはオーソドックスでも、ヘアスタイルひとつで特別感が出るものです。

たとえば、お団子ヘア。高い位置にまとめたお団子ヘアは、特に若い女性に好まれています。ヘアクリップやバレッタを使ったまとめ髪もポピュラーです。以前60代ぐらいの女性が、話している私の目の前で髪を束ねてくるくるとねじり始め、バレッタでパチンと留めたことがありました。髪をおろしていたときよりも数段エレガントに見えるな、と思ったものです。

いずれにせよ、編み込みなど凝ったテクニックを使っているわけではなく、無造作にまとめただけ。ドイツ人の髪は細くて柔らかいため、それでも形が決まるのは羨ましい限りです。太くてコシがある日本人の髪は、まとめた端からピンピンと毛先が跳ねるので、ゆるくパーマをかけておくと簡単。ゆるいパーマヘアはただ単に束ねるだけでもサマになるので、忙しい人にも向いていると思います。

でも、豊かでハリのある黒髪がいいともよく言われます。ドイツ人の細い髪はまとめやすいのですが、すぐにぺしゃんこになってしまうからです。私が取材でドイツ人女性の顔写真を撮ろうとすると「ちょっと待って」と、相手が自分の髪をふわっと整えるのはよくあること。ドラッグストアでは、何種類ものボリュームアップ用シャンプーが並んでいます。お互いに、ないものねだりなのかもしれません。

髪といえば、ヘアカラーも一般的。ブラウン、ブロンド、黒髪、ピンクやグリーンなど、みんな思い思いの髪の色に染めています。もともと地毛の色が人によってさまざまですから、髪の色を変えることも抵抗が少ないと思います。知人のドイツ人女性は、本来はダークブラウンの髪を黒く染めています。「ブラウンの髪は普通。黒髪のほうが印象的に見えるでしょ」と話していました。彼女は自宅で自分で染めていますが、知る限りでは自宅派は多いです。伸びた部分は自分で染めて、イメージチェンジをしたいときには美容室に行くというように、使い分けているとも感じます。

一方で、白髪を染めずにナチュラルなままの人も少なくありません。友人は30代の頃から白髪が目立ちますが、染めずに自然のままがいいと話しています。

最終的には、やはり自分の考えに則って行動しているのです。

# おわりに

## 何事も心の糧。そんな気持ちで。

ようやっと、ここまでたどり着きました。いま「この本で、ちょっとは心が軽くなってもらえたかな。何かのヒントになったかな」と祈るような気持ちでいます。

本書に書いたように、私がベルリンに飛んだのは、日本での仕事によるストレスが限界に達したからでした。思いがけずこの街に魅せられて長居していますが、外国生活では理不尽な出来事もたくさんあります。でも、逆にそこから自分の価値観を揺さぶられ、かえって気楽になりました。何事も心の糧。そんな気持ちで暮らしています。

産業編集センターの松本貴子さんから「ドイツ人のライフスタイルについて書きませんか」とお話をいただいたときに、ぜひやらせてほしいと即答しました。10年以上前のことも思い出しながらこの本を書き進めるうちに、私のベルリン暮らしはストレスを溜めやすい生活習慣から脱するための、ある種のリハビリだったのかなと気がつきました。

原稿はなかなか自分が納得いかずに悩みましたが、写真は楽しく撮影しました。私が毎日を過ごす家、大好きなベルリンの街を写すことで、文字では伝えきれない空気を感じていただけたらうれしいです。

思うように書けずに、原稿の書き直しを繰り返す私に辛抱強くお付き合いいただいた編集の松本貴子さん、本当にどうもありがとうございました。本書を書く機会をいただき、心から感謝しています。デザイナーの白畠かおりさん、白畠さんのデザインが大好きです。いつも私の本を手がけてくださってありがとうございます。

そして大切な私の家族へ。いつも支えてくれてありがとう。離れていても、一緒に生きているんだよね。

記録的な暑さも一段落したベルリンにて
2018年9月
久保田由希

久保田由希｜くぼた・ゆき

東京都出身。小学6年生のとき、1年間だけドイツ・ボーフムに滞在。現地校に通い、カルチャーショックを受け帰国。日本女子大学卒業後、出版社勤務を経てフリーライターとなる。ただ単に住んでみたいという思いから、2002年にベルリンへ渡りそのまま在住。著書や雑誌、オンラインメディアなどを通して、ベルリンやドイツのライフスタイルを伝えている。散歩をしながらスナップ写真を撮ることと、ビールが大好き。著書に『歩いてまわる小さなベルリン』『心がラクになるドイツのシンプル家事』（大和書房）、『かわいいドイツに、会いに行く』（清流出版）、『きらめくドイツ クリスマスマーケットの旅』（マイナビ出版）ほか多数。

Kubota Magazin
http://www.kubomaga.com/

ドイツ人が教えてくれた
ストレスを溜めない生き方

2018年11月14日　第1刷発行

文・写真　久保田由希

ブックデザイン　白畠かおり
編集　松本貴子

発行　株式会社産業編集センター
〒112-0011　東京都文京区千石4丁目39番17号
TEL 03-5395-6133　FAX 03-5395-5320

印刷・製本　株式会社東京印書館

 ISBN978-4-86311-204-9　C0095